精神分析における関係性理論

その源流と展開

吾妻 壮 著
Agatsuma Soh

誠信書房

はじめに

　精神分析は汲み尽くすことのできない豊かさと奥深さをたたえている。それは膨大な精神分析理論の蓄積によるところも少なくないが，何よりも，日々の臨床の現場での，常に新鮮でわれわれの想像を超える出会いによるところが大きい。そこで生起する状況は，いつも予期せぬ新しさでわれわれを驚かせる。われわれはだからこそ分析状況に心を惹かれる。

　分析状況は同時に混沌としたものでもある。治療室の中では，患者のこころの奥深くに眠っていた情緒的記憶が呼び起こされ，再び生きられようとする。それだけでなく，それは初めて生きられるのかもしれない。眠っていた情緒的記憶と見えるものは，時に，これまで一度も情緒的に知られることがなかったものである。治療者は，今患者と自分の間で起こっていることが何なのか，それがどこに由来するのかが分からなくなり，途方に暮れる。

　治療者は，混乱の原因を患者のこころの構造とその力動に関する既知のパターンに落とし込むことで，錯綜した分析状況を理解しようとするかもしれない。その試みは多くの場合，少なくとも当座の明瞭さを与えてくれる。だが，最も本質的な問題はそれ以上のものを必要とすることを多くの臨床家は知っているだろう。患者のこころと治療者のこころの出会いそのものが大切な契機なのである。

　精神分析的営みを続ける上で最も重要なことは患者と治療者の間の関係のあり方そのものに目を向けることだということに，現代の精神分析諸学派の意見は収斂しつつある。それは一つには，患者の内的世界と治療者自身の内的世界における関係性の布置に思いを馳せることである。さらに近年，分析的カップルが今–ここにおける直接的な体験に開かれることの重要性が論じられている。そしてその重要性への関心は次第に増しつつある。

　治療室における情緒的体験の只中に身を置くことを自らに許す結果，治療者のこころには，患者の内的世界における関係性についての想いが，そして患者の過去の関係性についての想いが去来する。患者のこころにもまた，同

種の専門的理解を経ないという違いはあっても，同様の想いが浮かぶことだろう。同時に，治療者は患者というパーソンを体験し，患者は治療者というパーソンを体験する。今-ここにおいて繰り広げられている現実の交流そのものに虚心に目を向けると，今-ここにおける関係性とは，繰り返されるパターンを現在という時の一点において捉えたものであるだけではなく，これまで一度も現れたことのない新しい関係性でもあることが分かる。それは既成の鋳型には落とし込むことのできない個別の関心を求めている。

　今日の精神分析は，関係性のあり方という切り込み口から，空想上および現実の相互交流に関心を向けている。精神分析の領野が拡大することは，精神分析を一層複雑なものにするが，それでも精神分析の何らかの前進を意味していることだろう。こころというこの上なく複雑なものの探求の方法が，それを突き詰めていくにつれて複雑化していくことは避けられないだろう。

　もちろん，現実の関係性を論じるのは容易なことではない。体験の現実的側面や間主観性の問題の議論は，不用意に行うと，素朴な行動主義的議論と紙一重になりかねない。精神分析の蓄積が行動主義に貶められることへの危惧は理解できる。

　しかし慎重に行うならば，そのような議論は精神分析をより豊かにするだろう。本書は，危惧の念を超えて精神分析の広い領野に関心を持つ読者諸兄の手がかりになればと思い，執筆したものである。フロイトは，精神分析とそうでないものを区別することの必要性を繰り返し述べているが，それはその垣根が極めて薄いものであることを自らの実践経験を経て知悉していたからこそのことだったのだろう。領野を拡張しつつも精神分析の内部に留まることはリスキーな試みに感じられるかもしれない。しかし，精神分析が創造的であり続けるためには，その領野の中心を耕すことに加えて，そのフロンティアを探索し続けることも重要だろう。

　本書では，関係性という概念の周辺に散らばるさまざまな理論の輪郭と相互関係を整理し，その上で臨床的試みを考察している。第1章から第5章は主に理論的考察に充て，第6章から第9章では，症例を用いた臨床的議論を行っている。

　第1章「関係論を理解する」では，関係論，関係性理論，関係精神分析などの用語の整理をしつつ，さらに，対象関係論，間主観性理論，対人関係論

などとの相違について説明している。第2章「サリヴァン，対人関係論，対人関係的精神分析」では，サリヴァンの対人関係論と精神分析という，一見交わるところがないように思える二つの柱の関係を整理することを試みる。第3章「関係性理論は心理療法の実践をいかに変えるか――古典的自我心理学と比較して」では，関係論が臨床実践についてどのような示唆を行っているのかを，自由連想法や解釈技法などの，精神分析の基本的概念・技法論に関して考察している。 第4章「精神分析における対象概念についての一考察――その臨床的可能性」では，内在化のヒエラルキーという観点から対象概念を分類することを試みている。第5章「精神分析における時間性についての存在論的考察」は，精神分析本流の議論と関連する哲学的議論を交え，精神分析における時間性の問題を考察する。

　第6章から第9章は，関係論的な考え方の特徴が分かるような臨床的な論点を中心にまとめた。当然のことながら，一つの精神分析的な治療プロセスの全体を見渡すと，それは手短にまとめ得る範囲を超えて複雑なものであり，いわんや単一の理論的切り口で報告し尽せるものではない。そのことを重々承知の上で，治療の流れの中のいくつかの局面に焦点を絞って論じたことを予めご了解いただきたい。また，症例報告に当たっては，プライバシーの保護に留意した記述を行った。

　現代精神分析の広い領野を見渡すという大きな目標を掲げたが，志ばかりで実質が追い付いていないという懸念を取り去ることができないまま書き終えた。精神分析に深い関心を持つ読者諸兄の目には至らぬ所が少なくないと思うが，ご容赦いただき，幾ばくかでも参考にしていただければ幸甚である。

目　次

はじめに　i

第1章　関係論を理解する ―――――――――――――― 1
　　関係論とは何か？　1
　　二つの関係論　2
　　関係論と米国精神分析　7
　　現代精神分析としての関係論　10
　　関係論，関係性理論，関係精神分析　11
　　内的関係性，外的関係性　11
　　対象関係論，間主観性理論，対人関係的精神分析の比較　13

第2章　サリヴァン，対人関係論，対人関係的精神分析 ――― 17
　　「人のあいだ」論としての対人関係論　18
　　精神科医サリヴァン　19
　　ニューヨークの精神分析インスティテュート　20
　　対人関係論の反動性　23
　　サリヴァンと現代の精神分析　24
　　おわりに　30

第3章　関係性理論は心理療法の実践をいかに変えるか ――― 32
　　　　――古典的自我心理学と比較して
　　関係論と臨床実践　32
　　自由連想法について　32
　　解釈について　38
　　転移を巡る抵抗について　40
　　構築主義的な対話について　43
　　結びに代えて：心理療法理論・実践の正しさについて　44

第4章　精神分析における対象概念についての一考察 ──── 47
── その臨床的可能性

対象・対象関係とは何か？　47
対象とは何か：フロイトの思考を辿る　48
対象概念の分類：内在化のヒエラルキー　55
臨床的含意　59
対象概念の多重化　63

第5章　精神分析における時間性についての存在論的考察 ──── 65

精神分析と時間性　65
精神分析における時間性の存在的な理解　66
精神分析におけるもう一つの時間性：存在的時間性から存在論的
　時間性へ　68
精神分析における存在論的時間論のさらなる射程　76
おわりに　78

第6章　関係性と中立性 ──── 81
── 治療者の立つ所という問題をめぐって

関係性と中立性　81
事　例　81
考　察　90

第7章　行き詰まりと関係性 ──── 97
── 解釈への抵抗について

抵抗，エナクトメント　97
事　例　98
考　察　105
おわりに　112

第8章　分析家の意図と分析プロセス ──── 114

分析状況と分析家の意図　114
臨床素材　117
考　察　122

おわりに　127

第9章　多元的夢分析の方法に向けて ──────── 129

　　　無意識への「王道」から「常道」へ　129

　　　夢分析における多元主義　130

　　　プロセスとしての夢　132

　　　夢恐怖症　133

　　　多元的夢分析の技法　135

　　　解離としての夢　136

　　　夢の循環再エナクトメントと逆転移　137

　　　ビオンの夢理論　139

　　　臨床例　141

　　　おわりに　145

あとがき　147

人名索引　151

事項索引　153

第1章
関係論を理解する

関係論とは何か？

　関係論という言葉を耳にしたり，それについて学んだりしたことのある方は決して少なくないだろう。学会の場や各種セミナーで耳にすることはあるだろうし，数は多くないものの日本語で読める類書もある。しかしこの言葉をつい最近知った方にとってはもちろん，知ってから決して日が浅くない方にとってもまた，それが何を意味するのか，いま一つ判然としないのではないだろうか。学会や講演会などでも，関係論は分かりにくいという話をよく聞く。

　なぜ関係論という言葉は分かりにくい印象を与えるのだろうか。まだ十分に知られていないからとか，十分に広まっていないから，と説明することもできるだろうが，それだけでもないだろう。確かに今の日本で関係論に関する情報はそれほど多くはない。しかし問題は情報が少ないというばかりではないだろう。関係論について知っているはずなのに，しかしよく分からないと感じている方がたくさんいるのが実情ではないかと私は想像している。

　このように関係論について理解することが容易ではないのは，いくつかの要因があり，それらが複雑に絡んでいるからである。第一に，関係論の由来は大変複雑である。自我心理学優勢の米国でどのようにして関係論が台頭してきたのか，すぐには分かりにくい。関係論についてよく理解するためには，そこに至るまでの米国精神分析の文脈をよく理解しておくことが必要である。そこで本章で最初に試みるのは，関係論を米国精神分析の流れの中に適切に位置づけることである。第二に，この言葉の周辺には同じような言葉

がたくさん存在している。対象関係と対人関係がどのように区別されどのように関連しているのかは精神分析理論の要諦であるが，それすらも決して簡単には理解し得ない。そこにもう一つ，関係論というものが出てくれば，困惑の度合いが深まってしまうとしても無理はないだろう。そこで，対象関係論，対人関係論，間主観性理論など，関係性を巡るさまざまな理論の違いを明らかにし，関係論という用語を巡る錯綜をしっかりと解きほぐすことが必要であり，それが本章のもう一つの目標である。

二つの関係論

　関係論は比較的新しい概念である。しかし新しいといっても，それは近年突如として現れてきたものではない。この概念は，従来の精神分析の流れの今日的展開の一つなのである。関係論は精神分析の長い伝統と蓄積を背景としている。そのため，関係論を理解するためには米国精神分析の地層を深く辿らなければならず，故に全体像をつかむのは容易ではない。

　関係論は，1980年以降主に米国で発展してきた。関係論的な考え方を実践・追求する学派は，関係学派と呼ばれている。しかし関係「学派」は，普通の意味での「学派」とは少し異なる。むしろ，単に「流れ」と言った方がより正確かもしれない。関係学派は，他の志を同じくする「学派」よりもずっと緩いまとまりに過ぎないからである。

　この「緩さ」については，少し説明が要る。実は，関係論と一口に言っても，それは二つの意味を持っているということをここで押さえておくことが大切である。その二つの意味とは，**狭い意味での関係論と広い意味での関係論**である。

狭い意味での関係論

　狭い意味での関係論とは何か。それは簡単に言うと，米国で発展した対人関係的観点と英国由来の対象関係論からの貢献の両方を取り入れたものを意味する。対象関係論は，現実の外的関係性を，発達早期に形成される内的対象世界のあり方を鋳型として形成される二次的なものとして捉える傾向がある。対象関係論にはクライン派と独立学派（中間学派）が含まれる。狭い意

味での関係論はその両者から影響を受けているが，特に独立学派の精神分析論に強い影響を受けている。ウィニコット Winnicott, D. W. やフェアバーン Fairbairn, W. R. D.，そして最近ではボラス Bollas, C. の仕事で広く知られている独立学派の貢献は，内的対象の世界における交流のみならず，現実の環境としての母親あるいは分析家との交流をも重視した。片方の足を対人関係的精神分析の伝統の上に置く狭い意味での関係論にとって，現実の交流をも重視する独立学派の考え方は親和性が高い。

では，狭い意味での関係論のもう一方の母体とも言うべき対人関係的観点とは何か。サリヴァン Sullivan, H. S. は，心的装置の内部について過度に推し量ることを戒め，人間のこころのシステム論的な考え方を提供し，それを対人関係論 interpersonal theory と呼んだ。対人関係論の考え方によれば，人間のこころはいわば一つのブラックボックスのようなものであって，中が透けて見えるようなものとは程遠く，フロイト Freud, S. が想定したように安定した構造を持つようなものではない。そのようにこころを理解すると，ブラックボックスの中身をいろいろと想像することはあまり生産的なことではなくなり，むしろこのブラックボックスの取り巻き（環境，対人関係）とそれらのブラックボックスへの入力ルート（注意，知覚）および出力ルートに専ら注目した方がよいということになる。これが対人関係論の基本的な発想である。

対人関係論は，フロイトが思い描いたこころの見方とは異なる，こころの新しい見方を提供した。サリヴァンが思い描いたのは，内部に蠢く欲動に突き動かされる人間というフロイト的人間観に取って代わる人間観だった。そしてサリヴァンの発想を精神分析的思考に取り入れた結果が，後の対人関係的精神分析 interpersonal psychoanalysis である。対人関係学派の分析家たちは，内的世界に関する理論を作り上げるよりも，外部に対する注意と知覚の働かせ方，そしてコミュニケーションが無意識化される過程により強い関心を抱き，理論化し，そして実践を続けていった。

サリヴァンおよびその同志のフロム Fromm, E.，トンプソン Thompson, C. ら，そして彼らに影響された追随者たちからなる対人関係学派は，欲動中心主義に対する反動の一つであった*。だが，権威主義に対する反動として始まった組織や運動がやがてそれ自体硬直化していくことはしばしば起こ

ることであり,それは対人関係学派にもある程度起こったことだった。「こうあってはならない」という強い戒めは,それ自体ある種の権威主義的・教条主義的主張にもなり得るからである。実際,元祖関係論者とも言うべきミッチェル Mitchell, S. A. は,インタビューの中で,対人関係学派が「非常に保守的でイデオロギー的に頑な」になっていたことについて言及している(Drescher, 1994)。欲動論のみで対人関係を説明してはならないという戒めは,内的なシステムについて一切考えてはならないという行き過ぎた戒めに容易に転じ得る。そしてそのような転化は,一部の対人関係論者の中に実際生じてしまったようである。

保守的になっていった一部の対人関係学派の分析家は,精神内の世界を思い描くこと自体の問題性を拡張し,自我心理学のみならず,関係性への関心を共有しているはずの対象関係論をも等しく危険視するようになっていった(Zucker, 1989)。ブラックボックスの中身について確信的に語るということの危険性自体は十分了解できるものである。しかし,ブラックボックスの中身について過剰に語ることの問題性と語ることそれ自体とを,きちんと区別する必要があるだろう。

いかに素晴らしい考えであれ,およそ人間が考えたものが完全であることはない。対象関係論による精神内界に関する透徹した理解の中にも,不完全な点がないわけではないだろう。しかし,発達早期からの関係性の重要性を論じた対象関係論の貢献は,特に臨床場面において,関係性を重視する対人関係学派の分析家にとってもまた益するところが多い。十把一絡げに否定するべきではないだろう。

対人関係学派内部から現れてきた同学派内部の保守主義に対しての違和感を,理論的言葉で整然と訴えたのがミッチェルだった。その後ミッチェルは,党派の発想を超えて関係性という視点からこころを広く見渡す試みを続けていった。このようにして狭い意味での関係論は生まれた。関係論が対人関係的観点と対象関係論的観点を併せ持つ観点であることは,このような背景を考えれば容易に理解できるだろう。

---

* 対人関係学派の登場とほぼ時期を同じくして,ラドー Rado, S. もまた,欲動中心主義に反対しニューヨーク精神分析インスティテュートを去った。ラドーの適応的精神力動学 Adaptational Psychodynamics もまた,欲動中心主義への反動の一つであった。

広い意味での関係論

　狭い意味での関係論について手短に説明した。それでは，**広い意味での関係論**とは何か。広い意味での関係論とは，上述の経緯で生まれた狭い意味の関係論のみならず，現代自己心理学，間主観性理論，さらには現代自我心理学の一部も含むような緩いまとまりを指す。

　精神分析とはこういうものであり，こういう風に実践するものだ，ということに関して一定の考えを提供するものを精神分析の「学派」と呼ぶならば，広い意味での関係論は複数の「学派」から成り立っていることになる。どんな学派が含まれるのかと言えば，広い意味での関係論には，およそ人間にとって関係のあり方が重要であると考える学派の考え方のすべてが含まれると言ってよい。内的関係性にもっぱら焦点を当てる観点であっても（クライン派），外的関係性を重視する観点であっても（対人関係学派），内的世界と外的世界の間の空間における関係性についての論であっても（独立学派，自己心理学および間主観性理論，間主観性を重視する現代自我心理学），それはすべて関係のあり方を重視する精神分析的な切り口であり，その意味ですべて関係論的な見方だと言える。

　しかしそう言ってしまうと，広い意味での関係論とは，いくつもの学派をまとめたその全体を指しているに過ぎないことになる。するとそれは単なるご都合主義的なものではないかという疑問が頭をもたげる。もしそうならば，それは緩いまとまりどころか，節操のない寄せ集めに過ぎないことになってしまう。

　そのような疑問が生じるのはある面で自然なことだろう。あれもこれもという考え方で全部カバーできるのであればそれに越したことはない。しかしそうすることで内部矛盾を来してしまったりするために，現実的には一つの学派の考えを選択するものであろう。したがって，複数の観点を保つという広い意味での関係論という発想が受け入れやすいものではないことは想像に難くない。

　だが，広い意味での関係論は単に複数の学派的観点を提供しているだけではない。広い意味での関係論は，そもそもある学派の分析家がその学派のやり方で精神分析を考えるということがどのような事態なのか，言い換えればある学派がその学派であるのはなぜなのか，ということについての理論とい

う側面も持っている。精神分析理論は，各々，ある特定の，選択された観点からなされた理論化の作業の産物である。広い意味での関係論はこのことを明らかにし，受け入れ，精神分析理論を分析家のパーソナルなナラティヴの一種であると考える。すなわち，広い意味での関係論は，理論に関する理論，すなわちメタ理論であり，そうあることで比較精神分析的な観点を提供している。いくつかの学派の集まりであることに加えて，理論化を振り返るという観点を持つという意味で，関係論は緩いまとまりをなすのである。

　グリーンバーグ Greenberg, J. R. は，精神分析理論はわれわれが望むほど包括的ではないという現実を，次のような表現を通して論じている。

　　包括的理論というものは**どんなことに関しても**——それが野球であれ，パイナップルであれ，あるいは惑星であれ——存在しない。代わりに言えるのは，ある特定の観察を説明するような一連の諸理論というものが考えられるが，一つ一つの観察はある特定のディシプリンに属するものだ，ということである。(Greenberg, 1991, p. 115. 強調原著者)

　ある特定の精神分析学派の観点からある心的事象を観察するとしよう。そうすることで，一つの精神分析的な観察の結果が得られる。そしてそれを説明することのできるようなその学派の精神分析理論がある。しかしここで注意しておかなければならないのは，それがその心的事象の**包括的説明**であるという保証はどこにもないのである。精神分析的説明としても包括的ではないかもしれない。精神分析的ではない観察とそれを説明する理論の可能性もあるわけで，それを考えるとなおのこと包括的ではない。ある特定の観点から近づくことのできる心的事象の真実とは，そのように限局的なものに過ぎない。人間のこころという限りなく複雑な事象を包括的に説明するということは，精神分析の一つの学派の理論の手に負えるものではないし，精神分析全体の手に負えるものでもないのではないか。

　精神分析における理論化を振り返ることの帰結の一つの可能性は，どのような立場を取ろうとも，完全に包括的な理解に到達できるわけではないという現実的な限界である。われわれの理論はどれも不完全である。ある特定の枠内で理解することにすれば，矛盾は一見なくなる。しかしそれはそのよう

にわれわれに感じられるということを意味するに過ぎないのかもしれない。それならば，矛盾を抱えたまま複数の理論が提供する複数の観点を保持することは，理論的怠慢の表れでは決してないだろう。

　精神分析理論は，精神生活の実体を忠実に表しているものである必要はない。それは精神生活がわれわれに理解可能になるように，分かり得ないものを分かり得るかのように記述する役割を果たしている。一つ一つの学派の理論は一つの（不完全な）座標軸であり，同じ事象を他の座標軸を用いて記述することでまったく異なる眺望が開けてくる。しかしそのような座標軸をまったく持たないことは，地図をまったく持たずに見知らぬ土地を放浪するようなものである。しかし地図は土地そのもとはまったく違うものであることを忘れてはならないだろう（Greenberg, 1991, p. 146）。それを勘違いすると，精巧な地図を見て，その土地を知っているかのように勘違いしてしまう可能性がある。

　広い意味での関係論は精神分析における多元的見方を表しているが，それは折衷主義とは異なる。折衷主義は，本来相容れないものの間の違いを虚脱させることによって統一性の錯覚をもたらすものである。しかし多元主義は，相容れないものを相容れないものとしてそのまま受け入れることである。

関係論と米国精神分析

　このように，関係論という言葉は複雑な意味を持っている。そしてそれは故無くしてそうなったわけではない。単に混乱とか雑多なものがあるというのとは違う。私は，それは米国精神分析におけるある種の**飽和**の結果ではないかと考えている。20世紀前半から1970年代に至るまで米国において精神分析がとことん実践され，論じられた末に辿り着いた先の一つが関係論だったのではないかと私は思う。

　そこで，関係論（関係性理論，関係精神分析）がどのような文脈の中に位置づけられるのかを振り返ることが重要になる。これは既に他のところである程度論じた（吾妻, 2011）。これから述べることは一部重複があるかもしれないがお許しいただきたい。

関係論は突如として現れてきたものではない。それは1970年代，米国精神分析がある種の閉塞状態を迎えた中で生まれてきた流れである。この閉塞状況がどのようなものであったのか，そしてなぜそうなったのかはさまざまに説明されるだろうが，ここではその一つの可能性を論じてみることにする。

　米国自我心理学の理論構築は実に着実なものであった。論理性を超えた無意識という世界に，可能な限り論理的に，了解性を保ちつつ切り込もうとしたのが自我心理学派だった。精神分析の世界で，自我心理学はいわば常識派である。自我心理学は後にその機械論的パラダイムを批判されることになったが，フロイトが目指していた精神分析の科学性の担保に大きく貢献した。

　だが，この自我心理学の堅実さは，臨床的には良くも悪くもある種のドライさと生硬さにつながる。自我心理学的な精神分析過程とは，防衛と抵抗の分析に始まり，続いて転移神経症の確立とその徹底操作の時期があり，最後に終結期があるというものである。精神分析過程をこのように捉えることで，精神分析の見通しが良くなることは間違いない。しかし，実践的には，自我心理学の描くような精神分析過程を首尾よく成し遂げるためには数多くの難関が待ち構えている。最初にくぐり抜けなければならない難関は防衛と抵抗の分析の時期であるが，不快な心的内容が意識に上るのを防衛が妨げている様子を観察し，それを記述するという作業が延々と続くため，解釈は必然的に機械的な響きを持ってしまう。防衛分析とは「性格の鎧」（Reich, 1933）を身ぐるみ剥がされる経験であり，受けている者にとっては大変しんどい作業である。重い病態を抱える患者の多くは，この段階を切り抜けることができない。防衛分析を乗り越えられなそうな患者は，最初から，分析可能性 analyzability に問題があるとされ，精神分析の出発地点にも立つことすらできない。

　かくして自我心理学的な精神分析は，もっぱら神経症水準の患者に焦点を当てたものとなった。治療者の解釈を治療者からの攻撃と捉えてしまうような患者，解釈を解釈として聞くことのできないような病態の重い患者は，最初から分析不能とされ，精神分析の対象から除外されることになった。自我心理学的な精神分析理論と実践技法は，論理的で系統的である。そして確かに説得力がある。しかしそれは分析の対象と技法の幅を狭めるという犠牲の

上に成り立っていたのかもしれない。精神分析は一つの到着点に達したと言えるが，しかし同時にそこで飽和状態に陥ってしまったとも言えるだろう。

　1970年代後半になると，理論と臨床の両面で変化が起こって来た。まず，ギル Gill, M. M.（1976）が「メタ心理学は心理学ではない」というフロイト批判の論文を発表し，続けてシェイファー Schafer, R.（1976）が『精神分析のための新しい言語』を著し，機械論的メタ心理学の限界が示されるに至った。このような反機械論的視点は，もともとは米国内では対人関係学派によって主張されていたものである。注目すべきことは，ギルやシェイファーは共にラパポート Rapaport, D. の弟子であり，もともと自我心理学派の本流の只中にいた分析家であることだ。機械論的な自我心理学が内部からの批判により危機にさらされ始めたのがこの時期なのである。さらに，カーンバーグ Kernberg, O. F. は自我心理学にクライン派の理論を取り込むことによって境界水準の患者へのアプローチを論じ（Kernberg, 1976），コフート Kohut, H. は自己愛転移を記述することによって自己愛の障害にまで分析の可能性を広げた（Kohut, 1977）。自我心理学を中心とする米国精神分析は，分析可能性の観点から一度は切り捨てた領域に再び足を踏み入れることになった。

　そしてそのような革新の流れは，1980年代に入りさらに本格的なものとなった。グリーンバーグとミッチェルによる『精神分析理論の展開——欲動から関係へ』（Greenberg and Mitchell, 1983）が米国精神分析の大きな転回点であったという認識は米国において広く共有されているところであるが，その発表は1983年のことであった。ここに至り，関係論という言葉が今日的意味で使われ出した。

　そればかりでなく，この年は関係論にとって重要な論文が多数発表された年でもある。後に『精神分析における儀式と自発性』を著し精神分析における社会構築主義を導入したホフマン Hoffman, I. Z. が分析家の主観的体験を分析的フィールドから特権的に除外することの困難を論じた論文「分析家の経験の解釈者としての患者」（Hoffman, 1983），上述のギルが対人関係的パラダイムを瞬く間に自家薬籠中のものとした上でその本質を論じた論文「対人関係的パラダイムと分析家の巻き込まれ方の度合い」（Gill, 1983），ホフマンと共に構築主義的精神分析をリードしてきたスターン Stern, D. B. の「未構成の経験——馴染みのある混沌から創造的な無秩序へ」（Stern, 1983），分

析家の逆転移の開示についての理論を論じたボラスの「逆転移の表出的使用——患者から患者自身への知らせ」(Bollas, 1983) が発表されたのも，すべてこの 1983 年のことである。

現代精神分析としての関係論

　このように，関係論は時期をほぼ同じくして複数の分析家による一連の仕事によって開始されることになったが，それは決して偶然のことではないだろう。それは関係論の重要な特質を示してもいる。すなわち，関係論はそれまでの精神分析の成果を踏まえた上での超学派的な反省に基づく理論であるということである。関係論は，もちろんミッチェルの功績と結び付けられることが多い。それは確かにある程度正しいが，それよりも関係論に特徴的なことは，むしろそれがある一人の分析家によって始められたものではないということではないだろうか。逆に言えば，関係論がもしも一人の分析家の功績と強く結びつけられるとしたら，それは自己矛盾であり問題だということだ。

　既に述べたように，関係論は，精神分析が一種の飽和状態を迎えた米国においてある意味必然的に起こってきた考え方として捉えるのが良いと私は考えている。精神分析臨床が日本に比べて遥かに広い裾野を持つ米国では，時間の経過と共に，一つの精神分析のやり方に固執していては治療できない病態の存在に分析家が否応なく直面させられることになった。自我心理学的な精神分析の方法を大切にしようとするあまり，分析の適応可能性が限局されてしまう事態を憂慮する者が増え，加えて理論的見地からも，自我心理学的アプローチの矛盾を指摘する声が内部から挙がるようになった。自我心理学の厳密な枠組みに収まりきらない重い病理を持った患者に対応するために，英国から対象関係論が到来し，自己心理学が出現し，対人関係学派の貢献が再評価されるようになった。

　こうして自我心理学的な考え方以外にも複数の見方があるということが実感されることになった。その結果，関係論に代表される比較精神分析的考察が広まり，一つの学派の考え方が絶対的なものではないことが明らかになっていった。狭い意味での関係論について言えば，それは新しい学派的考え方

の出現と言ってもよいかもしれないが，広い意味での関係論の出現は，新しい学派の出現ではない。それは現代において精神分析が行き着いた多元的あり方を表していると考えることができるだろう。

関係論，関係性理論，関係精神分析

　ここまで，関係論に至るまでの米国における精神分析の流れを振り返った。次の課題は，用語上の整理をすることである。最初に，関係論と似た言葉，関係性理論および関係精神分析という言葉について触れておこう。関係論という言葉がもともと何の訳語なのかはいま一つ判然としないが，それはおそらくは relational theory の訳なのだろう。関係性理論という言葉もまた，relational theory の訳である。そして，関係精神分析という言葉は relational psychoanalysis の訳である。

　関係論（関係性理論）relational theory と関係精神分析 relational psychoanalysis という言葉は，ほとんど同じ言葉であると考えてよい。もっとも，若干異なる内容を意味してはいる。すなわち，関係論（関係性理論）という言葉は関係性一般についての理論を指す言葉である。一方関係精神分析とは，関係性を中心に据えた精神分析のことである。関係論という言葉が関係精神分析という言葉に加えて存在しているのは，関係論の対象が精神分析を超える領域にも広がっていることを示している。とは言え関係論の中心はやはり精神分析であり，したがって，関係論，関係性理論，関係精神分析という三つの言葉は，特別な場合を除き，区別せず用いて良いと私は考えている。

内的関係性，外的関係性

　関係論（関係性理論）が関係性一般についての理論であると述べたが，そうすると当然，関係性一般とは何か，ということについて考える必要があるだろう。精神分析の世界では，それは内的関係性と外的関係性からなるとされる。これは，どの場所に関係性が展開されているのかという観点から関係性を二種類に分類する考え方である。この考え方はわれわれの直感によく訴える考え方であるが，誤解を招きかねないため，注意が必要である。なぜな

らば，およそ関係性はそれが内的に展開されるものであれ外的に展開されるものであれ，結局はこころを通して把握されるほかないわけであるから，精神分析における両者の差異は突き詰めれば問題にならないとも言えるからである。内的現実と外的現実を厳密に分けることはそもそも認識論的に不可能であるという考え方もある。また，精神分析は患者のこころの現実すなわち一般に内的現実として理解されているものを扱うものだとする論に対して異を唱えるのは容易なことではない。

　このように，関係性一般を内的関係性と外的関係性に分ける考え方は分かりやすい考え方ではあるが，問題を含んでいる。外的現実性というものをこころを通さずに認識することはできないのであって，そしてこころを通して認識するということは内的なプロセスに他ならないからである。

　したがって，関係性一般を内的関係性と外的関係性に分けるという表現は，字面が直接示唆するものとは違い，レヴェンソン Levenson, E. A. (1988) が述べているように，関係性一般の**機能的分割**であると理解した方がよい。すなわち，**想像**に関するこころの機能と**体験**に関するこころの機能という関係性を巡るこころの二つの機能を考え，それぞれが内的関係性および外的関係性と呼ばれるものに対応していると理解することである。

　このように，こころの機能ということに関して相反する二つの概念を考えることによってこころを理解するという方法は，内在と経験，欲動と知覚などの二分法的概念化を理解するのにも役に立つ。例えば，こころの機能の中には，欲動という内在的なものによって動かされるという側面があると同時に，知覚という外から到来するものによって動かされるという側面もある，というようにである。レヴェンソン（1988）は，この機能的分割をポエティクス poetics とプラグマティクス pragmatics という二つの言葉を用いて表現した。前者は想像することの能力を，そして後者は実践することの能力のことを指しているが，こころの二つの根源的な機能を的確に捉えている。

　最近，精神分析の世界でも各種のフィールド理論 field theory が論じられている。間主観的フィールド理論，ビオニアン・フィールド理論，さらには対人関係的フィールド理論などである。これらの理論は，精神分析の焦点をこころの内部には求めず，こころの外部のフィールドに置くことを主張している。しかし，フィールドについて考えるということは，こころの内部を見

ないということではまったくない。人の外部の空間に実体としてこころが存在するはずはないし，こころの内部を通さずして人間関係を考えることも不可能だからである。その意味で，精神分析は確かに，すべて内的なものの探求である。外的関係性，現実，分析的フィールド，あるいは外傷が重要であるということは，こころの中に外から到来するものに関するこころの機能が重要である，ということの表現なのである。内的なものが重要だと考えることは，外的現実が重要であると考えることと決して矛盾するものではない。

対象関係論，間主観性理論，対人関係的精神分析の比較

最後に，関係論（関係性理論，関係精神分析）とその類縁理論すなわち対象関係論，間主観性理論，そして対人関係的精神分析の異同を検討したい。単純化を恐れずに言うと，関係論とは，後の三つの理論（対象関係論，間主観性理論，対人関係的精神分析）を包摂しつつ相対化するような理論である。このことがどういうことを意味するのかを理解する上で大切なのは，対象関係論（クライン派，独立学派），間主観性理論，対人関係的精神分析がすべて関係性の在り方に主たる関心を注いでいること，しかしその力点が異なることを理解することである。

対象関係論については，日本では広く知られているところであり，改めて説明するまでもないかもしれない。対象関係論的考え方においては，内在化された対象との関係が重視される。言い換えれば，既にこころの中にある対象との関係が大切である。このような重点の置き方は，特にクライン派の理論において顕著である。体験的あるいは経験的世界は，こころの中に予め存在している関係性の鋳型との関連において把握される。クライン派の理論においては，**こころの中の内的関係性**に力点がある。

一方，同じ対象関係論グループの中でも，独立学派は環境の働きを重視する。分析の作業は，精神内界と外的現実の間の第三の空間において営まれる。分析家は患者のこころの中に展開する空想の投影先であるのみならず，現実の存在としての環境の重要な構成要素である。独立学派の理論においては，患者のこころの中を少し出て，**環境と主観性の間の空間における関係性**に力点がある。

独立学派が環境として導入した現実的存在としての分析家は，間主観性理論においては一層相互交流の只中に位置づけられるようになる。間主観性理論においては，分析家は固有の主観性を持つ存在として位置づけられている。患者の主観性と分析家の主観性の交わるところに分析の主たる焦点があると考えるのが間主観性理論である。間主観性理論においては，**二つの主観性が作り出す間主観的フィールド** intersubjective field における関係性に力点がある

　最後に，対人関係的精神分析においては，分析家のパーソンそのものが重視されている。分析家は，こころの中の空想の産物でもなければ，患者の主観性以外のもう一つの主観性という機能として存在しているわけでもない。分析家は，一人のパーソンそのものである。患者のパーソンと分析家のパーソンが面接室の中で出会う際，そこには抜き差しならない現実の関係性が生じる。それは，過去の関係性のあり方に還元することも，空想の中の関係性に還元することも不可能な関係性である。分析家は患者にとってまったくの他者である。新しく出会った他者との関係性のあり方は，当然過去の関係性のあり方によって影響を受けるが，それによって決定付けられるわけではない。現在の関係性のあり方は，内在化された過去の関係性の時間を超えた影響のみならず，今-ここでの関係性の**知覚と体験**によっても影響される。対人関係的精神分析においてはしたがって，**パーソンとパーソンが触れ合う直接的な関係性の体験**に力点がある。対人関係的精神分析については，次の章でさらに詳細に論じる。

　このように図式的に理解してみると，クライン派の理論から対人関係的精神分析に至るまでの関係性の把握の仕方は，一つのスペクトラムの上に描けることが分かる。すなわち関係性は，クライン派の理論におけるようにこころの最深部に埋め込まれていると見なす極から，新しい他者との遭遇という極に至るまでのどこかに位置するものと理解することができる。関係論は，これらの関係性諸理論を包括しつつ，全体を見渡そうとするものである。ただ，関係論が学派的には独立学派と対人関係的精神分析に近いこともあって，関係論は今述べたスペクトラムのうち独立学派から対人関係的精神分析までの部分に近い。

　間主観性理論と対人関係的精神分析の違いは分かりにくいかもしれないの

で，もう少し説明が要るだろう。両者とも，一種のフィールド理論である。前者は間主観的フィールドの，そして後者は対人関係的フィールド interpersonal field の理論である。両者は非常に近い概念であるが，若干異なる。前者においては，患者と分析家のこころの機能の一つ，主観性が問題になっている。一方，後者においては，機能に還元されない人としての存在そのものが問題になっている。対人関係的精神分析は，こころの内的モデルをいわば確信犯的に放棄した対人関係論の影響のもとに作られたものであり，パーソンとパーソンの，ある種即物的な出会いに関心があるのだ。間主観性理論は，現代の精神分析においてはますます重要性を増しつつある。精神内界主義を貫く他の諸学派内においても，間主観的感性は重視されてきている。しかし対人関係的精神分析は間主観性理論とはその点において一線を画す。対人関係的精神分析は精神分析の中では依然として辺縁に留まっているのだが，内的モデルへの懐疑という主張の過激さを考えれば不思議なことではないだろう。しかし，そのような一種の極論とも言える見地からしか見えないものもあるだろう。それは関係論の重要な構成要素の一つである。

　以上，対象関係論，間主観性理論，対人関係的精神分析の概念的比較を試みた。多元的考え方によれば，これらの概念は決して相互排他的ではない。実際，一つの症例を異なった理論的見地から検討する際，着眼点が驚くほど似通ったものになることは経験的に知られているところである。しかしそれでも，一つ一つの理論は強みと弱みを持っているものである。臨床的場面が必要とする理論的枠組みを，柔軟に選択する必要があるだろう。もちろん，各人の訓練のバックグラウンドによって，その選択に個性が現れることは言うまでもない。

文　献

吾妻　壮 (2011). 関係性精神分析の成り立ちとその基本概念について．関係精神分析入門．岩崎学術出版社，pp. 20-33.

Bollas, C. (1983). Expressive uses of the countertransference: Notes to the patient from oneself. *Contemporary Psychoanalysis*, **19**, 1-33.

Drescher, J. (1994). Interview with Stephen A. Mitchell, Ph. D. *White Society Voice*, **6**, 2-8. 横井公一訳 (2008). インタビュー：スティーヴン A. ミッチェル 1994．関西福祉科学大学心理・教育相談センター紀要，第6号，142-151.

Gill, M. M. (1976). Metapsychology is not psychology. In M. M. Gill & P. Holzman (Eds.) *Psychology Versus Metapsychology : Psychoanalytic Essays in Memory of George S. Klein.* New York : International Press, pp. 71-105.

Gill, M. M. (1983). The interpersonal paradigm and the degree of the therapist's involvement. *Contemporary Psychoanalysis,* 19, 200-237.

Greenberg, J. R. (1991). *Oedipus and Beyond : A Clinical Theory.* Massachusetts : Harvard University Press.

Greenberg, J. R. & Mitchell, S. A. (1983). *Object Relations in Psychoanalytic Theory.* Massachusetts : Harvard University Press. 横井公一（監訳）(2001). 精神分析理論の展開——欲動から関係へ. ミネルヴァ書房.

Hoffman, I. Z. (1983). The patient as interpreter of the analyst's experience. *Contemporary Psychoanalysis,* 19, 389-422.

Kernberg, O. F. (1976). Technical considerations in the treatment of borderline personality organization. *Journal of the American Psychoanalytic Association,* 24, 795-829.

Kohut, H. (1977). *The Restoration of the Self.* New York : International Universities Press.

Levenson, E. A. (1988). Real frogs in imaginary gardens : Facts and fantasies in psychoanalysis. *Psychoanalytic Inquiry,* 8, 552-567.

Reich, W. (1933). Character Analysis. *Character Analysis.* New York : Orgone Inst. Press, 1949.

Schafer, R. (1976). *A New Language for Psychoanalysis.* New Haven and London : Yale University Press.

Stern, D. B. (1983). Unformulated experience : From familiar chaos to creative disorder. *Contemporary Psychoanalysis,* 19, 71-99.

Zucker, H. (1989). Premises of interpersonal theory. *Psychoanalytic Psychology,* 6, 401-419.

第 2 章

サリヴァン，対人関係論，対人関係的精神分析

　前章では，対象関係論，間主観性理論との相違という観点から対人関係的精神分析について簡単に論じた。対人関係的精神分析の発想は決して取り掛かりやすいものではない。それが，最初古典的な分析を受け，古典的な理論と技法を学び，その後で関係論的志向の訓練を受けた私自身の感想である。もともと図式的理解に反対する形で興ったものであるから当然ではあるが，分かりやすい図式的理解に落とし込めるものが少なく，何か茫洋とした印象を与える対人関係的精神分析の発想は，決して分かりやすいものではなかった。その臨床的有用性がどこにあるのかを理解するのにも時間がかかった。しかし，その特異的な価値を少しずつ理解していくことができるようになり，以来対人関係的視点は私の分析的営みの支柱の一つになっている。
　ただ，これは私個人の主観的印象に過ぎないが，対人関係的視点を持つことの重要性は十分理解できるが，古典的な対人関係論そのものは，現代精神分析の流れの中では時代遅れになりつつあるように思う。例えば，サリヴァン Sullivan, H. S. の言う「パラタクシックな歪み」は，投影同一化・投影逆同一化論やエナクトメント論などに基づく現代的な転移-逆転移論に発展的に置き換えて理解することが可能である。そして，その方が実践的であり，拡張性も大きいと思う。また，詳細質問法の提示した問題意識は重要であるが，それだけによって分析プロセスが進展し続けるとも思えない。私は個人的には，詳細質問法に見られるような細部の知覚への拘りは，あくまでも自由連想法の基本ベースの上にあるべきだと考えている。今日の精神分析は，多くの学派的流れが収束していくことでこれまでになく豊かなものになっている。旧来の古典的精神分析の方法論をそのまま踏襲することに問題がある

のと同様，古典的対人関係論の方法論を無批判に取り入れることも良いことだとは思わない。

　対人関係論は，古典的精神分析にはなかった新しい視点を提供した。しかし，精神分析理論はサリヴァンの時代から様変わりしており，理論的のみならず技法的にも変容を遂げている。古典的対人関係論は乗り越えるべきものだと思うが，そのためには，まずそれを理解しなければならない。そこで対人関係論とは何なのかについて，その歴史に触れつつ改めて考えてみたい。

「人のあいだ」論としての対人関係論

　対人関係論という日本語は interpersonal theory という英語の訳であるが，これは実はかなりの意訳である。なぜならば，「対人関係」の部分は interpersonal の部分の訳に相当するはずなのだが，interpersonal とは直訳すれば「人 person のあいだ inter」となるのであって，人を前にしての，という意味での「対人」ではない上に，さらには関係という言葉も含まれていないからである。すなわち interpersonal という言葉そのものは，人と人のあいだに起こっていることに注目するという意味であるに過ぎない。interpersonal theory の直訳は，「人のあいだの理論」になるはずである。しかし，原語の意味に近い「人のあいだの理論」という訳に比べて，対人関係論という訳は語感の点でずっと優れている。そして何よりも，対人関係論という言葉は定訳として既に広まっている。そこで本書では，それが「人のあいだの理論」であることを念頭に置きつつも，この定訳を引き続き使っていく。

　「人のあいだの理論」としての対人関係論は，対人関係機能を向上させるための理論ではないことを理解しておく必要がある。対人関係論は，社交的な人間になって人と良い関係を持つための実践的な方策を提供するものではない。それは単に，「私とあなたのあいだで今-ここで現に起こっていることから目を背けず，直視していこう」という姿勢に関する理論である。「人のあいだ」を見ていくことで対人関係機能が向上するとしたら，もちろんそれに越したことはない。しかしそれは副産物に過ぎない。対人関係機能を向上させようという明白な意図をもって治療者が患者に関わるということは，操作的であり，真正な authentic な態度ではない。そのような態度は，対人関

係論から導き出されるものではない。もちろん，精神分析および他の洞察志向的な治療理論とも関係がない。

対人関係論の要素を精神分析に取り入れたものを対人関係的精神分析と呼ぶ。対人関係論は，精神分析とは異なる原理を念頭に作られたものである。しかし，サリヴァンの「人のあいだの理論」的観点が精神分析と無関係であるはずはない。精神分析は，畢竟二人の人間によって営まれるものであり，「人のあいだ」の影響がないはずがないからだ。サリヴァンのように「人のあいだ」にもっぱら注目する「人のあいだの理論」では語り尽くせないことはあるにせよ，「人のあいだ」の観点からこころの内部を考察する視点は，こころの深層からこころを理解する方法と相補的な関係を持つ。それが「人のあいだ」的精神分析，すなわち対人関係的精神分析である。

精神科医サリヴァン

対人関係論と分かち難く結び付けられる臨床家は，サリヴァンを措いて他にいない。サリヴァンは，かつて米国精神医学を密かに支配していたと言われたほどに高名で影響力のあった米国の精神科医である。日本でも，『精神医学は対人関係論である』(Sullivan, 1953)，『精神医学的面接』(Sullivan, 1954)，『分裂病は人間的過程である』(Sullivan, 1962) などの主要訳書を通して，サリヴァンの名は広く知られている。

サリヴァンの精神科医としての業績は，独自の統合失調症論などによって広く知られるところであるが，サリヴァンが精神分析とどのような接点を持つのかは日本ではあまり知られていないという印象を受ける。その理由の一つは，サリヴァン自身，自分のことを精神分析家とは思っておらず，精神科医として考えていたためだろう。サリヴァンは教育分析も受けていない。

しかし，サリヴァンは精神分析コミュニティーの只中にいた。サリヴァンと精神分析との接点は，サリヴァンの同志たちについて振り返ることではっきりと見えて来る。その一人はトンプソン Thompson, C. である。トンプソンは，米国最古の分析インスティテュートであるニューヨーク精神分析インスティテュートのメンバーであったが，後に，同じく同インスティテュートの分析家だったホーナイ Horney, K. の動向を巡って同インスティテュート

と対立し，ホーナイと共に同インスティテュートを去った人物である。サリヴァンとトンプソンは親しい同僚で，共に互いに切磋琢磨する仲であった。

　サリヴァンは確かに教育分析を受けなかった。しかし，教育分析を受けることを少なくとも考える機会はあったようだ。サリヴァンとトンプソンは，臨床経験を積み重ねる中，次第に精神分析への関心を深め，フェレンツィ Ferenczi, S. に分析を受けることを考え始めたという。伝えられているところによると，その際サリヴァンが分析を受けるべきかトンプソンが受けるべきか，二人の間で話し合いが行われた。その結果，トンプソンがフェレンツィに分析を受けることになったという。もしもこの時サリヴァンがフェレンツィに分析を受けに行っていたら，その後の精神分析の歴史は変わっていたかもしれない。

　サリヴァンは精神分析を直接実践することはなかったが，サリヴァンの周辺には，トンプソンに加え，ヨーロッパで精神分析の訓練を受けたエーリッヒ・フロム Fromm, E., フリーダ・フロム゠ライヒマン Fromm-Reichmann, F. らの精神分析家が集まっていた。サリヴァンらは後にウィリアム・アランソン・ホワイト・インスティテュート（以下ホワイト・インスティテュートと略す）を創立することになるが，サリヴァンの精神分析に対する貢献は，このホワイト・インスティテュート内外の同志を通してのものだった。サリヴァンは精神分析家ではなかったが，精神分析に近い同志たちを通して精神分析に少なからぬ影響を与えたのである。

ニューヨークの精神分析インスティテュート

　精神分析におけるサリヴァンの貢献の歴史的文脈をさらによく理解するために，20世紀前半のニューヨークにおける精神分析を巡る状況を概観する。20世紀初頭のヨーロッパには多くのユダヤ人分析家が在住していたが，第二次大戦中ナチス・ドイツによって迫害された彼らの多くは米国東海岸のニューヨークに移住してきた。そのため，ニューヨークにはヨーロッパ出身の精神分析家がたくさん居を構えることになり，ニューヨークは米国における精神分析の発展の中心となった。

　全米で最も長い歴史を持つ精神分析インスティテュートは，1911年に創

立されたニューヨーク精神分析インスティテュートである。ニューヨーク精神分析インスティテュートで活躍した精神分析家には，ハルトマンHartmann, H., マーラー Mahler, M. S., ブレナー Brenner, C. らがいた。彼らは，フロイトの構造論における自我の働きの分析を強調したアンナ・フロイト Freud, A. の仕事を継承し，それをさらに発展させ，米国自我心理学派を確立した。以後，米国精神分析の多数派は自我心理学派であり，ニューヨーク精神分析インスティテュートは創立以来現在に至るまでその拠点であり続けている。

興味深いことに，ニューヨークの大きな精神分析インスティテュートの多くは，ニューヨーク精神分析インスティテュートにその源を辿ることができる。前述のホワイト・インスティテュート，コロンビア大学精神分析センター，ニューヨーク大学精神分析インスティテュート，ニューヨーク大学ポストドクトラルプログラムはニューヨークでも特に有名なインスティテュートであるが，これらはすべてニューヨーク精神分析インスティテュートから分派したインスティテュートである。

最初のきっかけは1941年だった。その年，精神分析の理論・実践についての意見の相違が原因で，ホーナイがニューヨーク精神分析インスティテュートを離れた。同時に，トンプソンを含む何人かの分析家も同インスティテュートを離れた。翌年，ラドー Rado, S. を含む何人かがさらに離反した。既に述べたように，このトンプソンらのグループが創立したのがホワイト・インスティテュートである。一方，ラドーらのグループが創立したのがコロンビア大学精神分析センターである。

ホワイト・インスティテュートのグループとコロンビア大学精神分析センターのグループに共通していたのは，性衝動の中心性，すなわちリビドーが人間の基本的な動機づけの源泉であるという考えへの疑問であった。トンプソンらは，対人関係のフィールドの分析の重要性を説いた。人の動機づけシステムとしてのリビドー論に批判的だった。一方ラドーは，適応論的力動と呼ばれる立場を論じたが，それもまた，リビドーにすべての動機づけを還元しようとするフロイトの考え方とは異なっていた。したがってこれらの二つのインスティテュートは，共にフロイト的な考え方への疑問から出発したことになる。ホワイト・インスティテュートがコロンビア大学精神分析センタ

ーと決定的に異なるのは，コロンビア大学精神分析センターが後に米国精神分析協会 APsaA の内部に留まる選択をしたのに対して，ホワイト・インスティテュートは長年外部に留まり続けたことである。もっとも，ホワイト・インスティテュートと APsaA の葛藤は徐々に和らぎ，2015年にはホワイト・インスティテュートは APsaA に加盟し，同時に国際精神分析協会 IPA 傘下のインスティテュートになった。ニューヨーク大学精神分析インスティテュートは，もっと穏やかな形でニューヨーク精神分析インスティテュートから分派したインスティテュートで，非常に古典的なアプローチを守ることにかけては現在でもニューヨーク精神分析インスティテュートと双璧をなす。ニューヨーク大学ポストドクトラルプログラムは，ホワイト・インスティテュートにおける心理学者の扱いに満足していなかったホワイト・インスティテュートのメンバーが中心となって1960年代初めに創られたインスティテュートである。同プログラムは現在，関係学派に属する分析家が非常に多いことで知られているが，このインスティテュートもまた，歴史を辿ればニューヨーク精神分析インスティテュートに行き着くのである。

　余談だが，今名前を挙げたインスティテュートのうちニューヨーク大学ポストドクトラルプログラムを除く四つは APsaA および IPA に加盟しているインスティテュートであるが，ニューヨークには IPA 加盟インスティテュートがもう二つある。その一つは，精神分析訓練・研究インスティテュートであり，もう一つは現代フロイト派協会インスティテュートである。また，ニューヨーク大学ポストドクトラルプログラム以外にも，IPA に加盟していないものの強い影響力を持つインスティテュートがたくさん存在する。

　このように，ニューヨークにおける精神分析インスティテュートには「分家」の系統がある。そしてこれらの「分家」は，一部の例外を除き，苦い葛藤の末に行われた。この系統図は，さらに大きな文脈においてみるとその意味が一層明らかになる。ニューヨーク精神分析インスティテュートという自我心理学の牙城から，ホワイト・インスティテュートとコロンビア大学精神分析センターが分派したことについて述べたが，米国全体で見ると，その分岐路の先は一方がもう一方を圧倒してきた。すなわち，自我心理学が反リビドー主義的な流れよりも圧倒的に多数派である状態が続いていた。コロンビ

ア大学精神分析センターは，次第に創立当初のラディカルさを失い，理論的に折衷的な方向へと向かったために，既にその反リビドー主義的構えは薄れている。境界性パーソナリティ構造の研究で有名なカーンバーグ Kernberg, O. F. は同センターの分析家であるが，彼の理論は自我心理学と英国由来の対象関係論を統合したものである。同センターには，反リビドー的な立場をとる分析家は少なくなり，カーンバーグのように，比較的保守的な折衷主義者が多くなっているという印象を受ける。一方ホワイト・インスティテュートは，そのような折衷的な方向には向かわず，対人関係的な（インターパーソナルな）視点を保ち続けた。その結果，同インスティテュートはごく最近に至るまで，長らく APsaA の外部に留まることとなったわけである。

対人関係論の反動性

　対人関係論の立ち位置を理解する方法の一つは，それを自我心理学への一つの反動として考えることである。対人関係論の特徴をまとめることは困難であるが，それは大まかに言って，欲動よりも関係性を重視し，アンチ・メタ心理学的で，空想よりも現実の重要性を唱え，患者の中に子供を見るのではなく患者を一人の大人として扱おうとする（アンチ発達論的な）立場である。このような考え方が，精神分析が論じてきた考え方と対極的であることは言うまでもあるまい。精神分析と対人関係論は，その差異を低く見積もっても，両極に位置する考え方である。それを考えれば，対人関係論の貢献を精神分析に取り入れようとする対人関係的精神分析学派が米国精神分析界において反主流の立場にあったのは，とりわけ不思議なことでもない。

　しかし，前章でも見たように，1980 年代以降このような状況は大きく変わった。グリーンバーグ Greenberg, J. R. とミッチェル Mitchell, S. A. (1983) が精神分析諸理論を基本的に欲動的であるモデルと基本的に関係的であるモデルに二分するという試みを行って以来，それまで反主流の立場にあったサリヴァンの影響を受けた分析家たちと米国精神分析の主流派の交流が始まった。すなわち，1980 年代から 90 年代にかけて，精神分析がサリヴァンの伝統を取り込むという形で，上述したような二項対立的な考え方が発展的に解消されるようになってきたのである。

サリヴァンと現代の精神分析

　サリヴァンの精神分析への貢献は，以上に論じたような米国精神分析界の流れの中に位置づけられるものである。そのような文脈の中においてみると，サリヴァンの思考の特異性，革新性が際立つ。

　サリヴァンのテキストは難解である。その理由としていくつか考えられるが，一つには，サリヴァンの意味しようとしている内容が難解であることが挙げられる。こころを閉じたものとして，一種の機械として記述する方法は，フロイト以降精神分析理論の伝統的手法である。そのような手法は，機械論的であるがゆえの明快さを備えている。それに対してサリヴァンは，対人関係的フィールドの函数として心的諸活動を記述しようとしているために，その試みは分かりにくい。例えば，サリヴァンは自己とパーソナリティの概念の違いについて次のように述べている。

> 彼が「私」という代名詞を用いるとき，彼はそれが関与しているものの中に自分が気づいている動機のみを入れるのであって，彼は彼自身について言及するわけであるが，それは，精神科医が彼に与えるような仮想上のパーソナリティよりもずっと狭い概念である。この自己という概念は，対人関係を研究する上での一般説明原理としてはほとんど役に立たない。(Sullivan, 1938)

　サリヴァンは，パーソナリティのことを自己-力動 self-dynamism と呼んでいる。自己-力動とは，他者との相互交流を通して満足を求めたりテンションを減らしたりすることを求める傾向，すなわち彼の言うところの統合的傾向 integrating tendency がある種の安定性を持つに至った状態である。統合的傾向とは一種の動機づけとも理解できるが，これは本質的に他者を必要とする。サリヴァンは新しい欲動論を展開しているわけではないが，サリヴァンの議論をフェアバーンの「対象希求性」の議論と重ねることで，欲動論的に理解することもできる。サリヴァンによれば，意識化されている統合的傾向のみでパーソナリティが成り立つことはなく，自覚できる動機から構成

されるのは自己-力動の中の一部に過ぎない。それが自己と呼ばれるものであるが，対人関係的現象はそれよりもずっと広いものである。

　もちろん，今日に生きるわれわれは，サリヴァンが言おうとしたことは現代精神分析の他の語彙を用いても十分に表現可能であることは知っている。例えば彼の言うところの「仮想上のパーソナリティ」は，投影同一化やエナクトメントの概念を用いて理解することができる。サリヴァンの仕事は，現代の精神分析概念につながる先駆的業績として考えることができるだろう。

　先の引用文からも明らかなように，サリヴァン理解の困難のもう一つの理由は，彼の独特の文体にある。彼の文体は，単にそれによって書かれる内容の複雑さによっては説明し切れない特異性を持っていると言わざるを得ない。この特異性は読解しようとする者を時に辟易とさせる。このことが，サリヴァンが意図的に行っていることなのか，彼の性格の特異性の派生物なのかどうかの判断は不可能であるが，私は後者ではないかと想像している。

　内容の難解さとスタイルの独特さの両者が相俟って，サリヴァンの著作は時に読む者を遠ざけてしまいかねない性質を備えるものとなっているために，彼の仕事を理解するのには大変な忍耐が必要であるが，精神分析を学ぶ上でサリヴァンの考えが大変参考になるものであることは間違いない。以下に，サリヴァンの仕事の中からいくつかの重要な論点を取り出して論じることで，サリヴァンの精神分析への先駆的貢献を振り返ってみたい。

自己の多重性

　自分というものの経験，すなわち自己が単一であることを人は通常自明なこととしている。しかし果たして本当にその通りなのだろうか？　この斬新な問いはミッチェルによって現代的に問われた。彼は，「自己の体験における連続性の感情とは，まったくの幻想であるのかもしれない」と述べている（Mitchell, 1993）。このように，理論的・臨床的に自己の多重性 multiplicity を考慮する動きが現代精神分析の中に存在する（Bromberg, 1998）。多重の自己論によれば，解離性同一性障害などに見られるような極端な形の解離現象のみが自己感の多重性をもたらすわけではない。それのみならず，健常者の場合においてすら，さまざまな程度に解離された自己-状態が存在する。それらは細心の注意を払うことによって臨床的にかろうじて探知可能である

か，あるいは患者にも治療者にも気づかれないほどである。従来自我のスプリッティングとして定式化されてきた現象は，多重の自己への解離現象の一部として捉え直されることになる。健常状態においても自己の多重性が保たれているとするならば，精神分析の目標は，単一の自己に至るように解離・スプリッティングを解釈し尽くすことでそれらを解消することではなく，解離のメカニズムを意識化した上で，病的な部分と健常な部分との統合的全体を形成することを手伝うという作業になる。

サリヴァンは，このようなミッチェルの視点を何十年も早く先取りしていた。サリヴァンは，自己には，良い私 good-me，悪い私 bad-me，私ではない私 not-me，があると述べている（Sullivan, 1953）。そのような形で，サリヴァンは自己の多重性について既に語っていたと言えるだろう。さらにサリヴァンによれば，これらの複数の「私」は，「私-あなたパターン」の中で形成される。すなわち，相手がどのような人間であるか，そしてその相手とどのような関係を持つかによって，異なった「私-あなたパターン」が形成される。つまり相手との関係の質によって，「私」の自己感は良いものとも，悪いものとも感じられる。それらが，良い私，悪い私，に相当する。相手との関係の質は，単に良い，悪い，の次元を超えるような強度の困難を持つこともある。その際に生じる自己感のことを，サリヴァンは，私ではない私 not-me と名付けている。

サリヴァンはこのような形でこころの不連続性な諸部分について言及していた。そのような意味で，これはある種の「局所論」であるともいえる。しかしこのような「局所論」と，フロイト的な局所論は成り立ちをまったく異にすることを理解しておかなければならない。

両者の違いは以下のようにまとめることができよう。第一に，サリヴァンが描いたこころは，フロイトにおけるそれのように実体的に措定されているというわけではない。サリヴァンはある種のこころのモデルを提示してはいるものの，それはフロイトのそれのように系統的・包括的であるとはいえない。したがってサリヴァンは，いわば，ある種の機能態を表現していたと考えた方がよい。第二に，サリヴァンはこれらの機能態が生じる原因を環境に求めた。フロイトが根源的動機の座位としてのイドを提唱し，イドを制御する必要性から自我，超自我という構造の派生を系統的に論じたのに対して，

サリヴァンはイドのような先験的ともいえる中心点を措定しない。サリヴァンはその代わりに，対人関係の場を一次的なものと考える。フロイトが精神内界から外界へ，という志向性を持っていたとするならば，サリヴァンは精神外界から内界への志向性を持っていた。サリヴァンはさらに，「どんな人間でもその人の対人関係の数だけ多くのパーソナリティを持っている」(Sullivan, 1950) とも述べているが，ここにも，サリヴァンがこころの理解に関して，脱中心志向的な見方をしていたことを窺うことができる。

　サリヴァンの伝統を現代に受け継ぐ精神分析家の一人であるブロンバーグ Bromberg, P. M. は，「最もよく機能している人においてさえも，正常なパーソナリティ構造は抑圧および精神内葛藤とならんで解離によって形作られている」(Bromberg, 1998) と述べている。ブロンバーグは，サリヴァン，ミッチェルと同様に自己の不連続性，多重性について記述している。彼は解離を著しく病的な防衛ではなく健常者にもある程度認めることが可能であるとし，パーソナリティの解離モデルを提唱している分析家の一人であるが，解離そのものだけではなく，解離と精神内葛藤の関係にも言及することで解離モデルと葛藤モデルの関係をも考察している。サリヴァンの現代精神分析への貢献をここに見ることができる。

経験の一義的重要性

　既に見たように，サリヴァンは精神外界が一義的に重要であり，精神内界はその影響下に形成されると考えていた。サリヴァンは「パーソナリティは対人関係的状況で明らかになるのであって，その逆ではない」(Sullivan, 1938) と述べている。すなわち，パーソナリティという固定したものが既に存在してその外的顕れとして対人関係的状況があるのではなく，対人関係的状況の委細が，パーソナリティというまとまりらしきものをかろうじて編み出す，ということである。サリヴァンはまた，「ユニークな個別性という妄想」(Sullivan, 1938) という言葉を用いて，パーソナリティというものが個別に存在しているという従来の考えを揶揄している。サリヴァンが重視するのは，個別性とかパーソナリティというもので指示されるような不変の内的形成物ではなく，対人関係における経験である。サリヴァンはさらに，人が経験するということの複雑さについて以下のように述べている。

人が何かに「気づく」ならばそれは対人関係的なものであって，したがって精神医学的な妥当性を持ったデータである。機械工が自動車からの変な雑音を「聞いている」とき，そこには対人関係的現象が少ししか現れていないのかもしれない。しかしその人が自分の考えをまとめようとするときには，特に彼が自分は間違っていたと知ったときには，その限りではない。
（Sullivan, 1938）

　このアレゴリカルな表現は，「気づき」という契機によって人が対人関係の場におかれていることを自覚する過程を表現している。「機械工」が「自動車」からの雑音を聞く，ということは，分析家が内的世界から発する自由連想を聞くようなものである。しかしそれを解釈しようとするとき，そこには対人関係の経験が既に織り込まれている。気づきとは，ここでは自分の考えの外部への気づきのことであるが，それを意識したとき，人は対人関係の場を意識する。「自分の考えをまとめようとするとき」，すなわち何かを理解しようとするとき，人は，自分の思考の置かれている通時的および共時的文脈を理解することなしには済まないことを自覚する。自分には自明であると思われることに関して自分が間違っているかもしれない可能性を，人は対人関係に埋め込まれている事実を通して理解する。その時，自分に何が起こっているのか，自分が何を経験しているのかは，自明性を失う。

構築主義的認識論
　一般に数学，物理学，生物学などの自然諸科学においては，真実は観察者によらず不変であるとされ，その客観性が問題になることは少ない。もちろん，ハイゼンベルクの不確定性原理によって観察者自身の測定行為に与える影響が指摘されてはいるものの，それは量子論的な事象での話である。一方，人文諸科学，社会諸科学における真実は，その客観性というもの自体が日常的に問題になる。例えば，どの社会制度が「優れている」のかについての客観的知識を持つことは困難である。判断を下す者自身がおかれている社会的文脈によってその判断は左右されるからである。このような認識論を，構築主義的認識論 constructivistic epistemology と呼ぶ。臨床精神分析においては，構築主義的な考え方は，ホフマン Hoffman, I. Z. (Hoffman, 1998)

やスターン Stern, D. B.（Stern, 1997）らによって広く知られるところとなった。構築主義的認識論によれば，患者についての真実とは，既に決定されていて発見されるのを待っているような性質のものではない。それは，治療者と患者によって相互に構成されるものであって，常に両者の間の相互交流の結果である。そのような認識論は，精神分析における無意識の意味を大幅に変更する。無意識は，既に決定されているものの抑圧から，明確に内省されていないものに変わる。すなわち無意識は，既に構成し尽くされた上で抑圧のために意識に上らなくなっているが故に無意識なのではない。はっきりと自覚されることがなかったが故に意味を付与されず，その結果意識的に注意を向けることができなくなったが故に無意識である，ということになる。現代精神分析においてそのような意味での無意識を表す言葉として，「未構成（構築）の経験」（Stern, 1997），「未思考の知」（Bollas, 1989）という言葉がある。また，そのような意味での無意識を，抑圧された無意識 unconscious を区別するために，非意識 nonconscious と呼ぶこともある。

　精神分析において，構築主義的認識論が与える影響は単に机上の理論に関することばかりではない。それは，精神分析および精神分析的志向性を持つ精神療法から権威主義的な要素を取り除くという形で精神療法の実践に影響を及ぼす。なぜならば，構築主義的な考え方によれば，治療者が患者のこころの真実に関して何ら特権的な位置を占めないことになるからである。このことを臨床的に理解するためには，患者の怒りの情動を取り上げてみると分かりやすいだろう。臨床場面において，患者が治療者に対して激しい怒りをぶつけるところを例に取り上げよう。その際，患者の怒りを「死の本能」の派生物であると決定してしまうのではなく，患者が怒るに至った文脈，患者と治療者の相互交流の歴史を探索するのが構築主義的なアプローチである。その結果，やはり患者の怒りの源泉は患者の攻撃性であるという結論になるかもしれないし（古典的な理解），患者の怒りは，治療者の共感不全であるということになるかもしれない（自己心理学的な理解）。

　サリヴァンは，構築主義にもいち早く目をつけていた。サリヴァンは，「観察するという行為そのものが人の行動であって，観察者の経験を含むということを理解しておかなければならない」と述べている（Sullivan, 1938）。サリヴァンが治療者の態度について述べている有名な言葉に，「参与する観察

者 participant observer」（Sullivan, 1954）という言葉がある。これは，治療者は，患者と自分の二者のなす相互交流の場に完全に参与しつつ，その相互交流を観察するべきであることを謳っているものと理解される。「参与する観察者」の，「観察者」の方に力点を置き過ぎると，あたかも，治療者は患者との間の相互交流の外側に身を置くことができるかのようにサリヴァンが考えていた，と思われるかもしれない。しかしサリヴァンは，観察ということは観察者の経験なしには成り立たないと述べている。すなわち，サリヴァンは観察するために立脚すべき外部の特別な場の存在を言っているわけではないのである。サリヴァンはまた，「観察する者と観察される者の精神状態が一対一対応するということは実際上あり得ない」ために，「他者についてすべてを知るということは決してできない」のであって，「精神科医は……自分が行う他者の定式化の性質は相対的なものであることを知っている」とも述べている（Sullivan, 1938）。サリヴァンは自らを構築主義者として自覚的に認識していたわけではないかもしれないが，今日構築主義として知られている認識論の骨子を既に体得していたと思われる。その意味で，サリヴァンの先見性は瞠目すべきであろう。

おわりに

　以上，ニューヨークにおける精神分析の歴史に触れつつ，対人関係論の特徴について主にサリヴァンの貢献を通して概観した。精神分析を実践するにあたって一番大切なのは，患者のこころの中から自然と浮かび上がってくるものにじっくりと耳を傾けることだと私は考える。しかし，なかなかそのようにならないことがしばしばあることもよく知られていることである。自我の防衛や破壊的な内的対象関係は，分析状況を阻害する。最初に考えるべきこととしてこれら内的要因の理解が重要であることは古典的分析の蓄積が教えてくれたことである。同時に，われわれは間主観的あるいは対人関係的フィールドで生起していることにも目を開くべきである。サリヴァンはその重要性をいち早く論じた。サリヴァンの方法論について学ぶことは，どのようなオリエンテーションの分析的治療者にとっても有意義なことだと私は考える。

文 献

Bollas, C. (1989). *The Shadow of the Object : Psychoanalysis of the Unthought Known.* New York : Columbia University Press. 館 直彦（監訳）(2009). 対象の影――対象関係論の最前線. 岩崎学術出版社.
Bromberg, P. M. (1998). *Standing in the Spaces : Essays on Clinical Process, Trauma, and Dissociation.* New Jersey : Analytic Press.
Greenberg, J. R. & Mitchell, S. A. (1983). *Object Relations in Psychoanalytic Theory.* Massachusetts : Harvard University Press. 横井公一（監訳）(2001). 精神分析理論の展開――欲動から関係へ. ミネルヴァ書房.
Hoffman, I. Z. (1998). *Ritual and Spontaneity in the Psychoanalytic Process : A Dialectical-Constructivist View.* New Jersey : Analytic Press.
Mitchell, S. A. (1993). *Hope and Dread in Psychoanalysis.* New York : Basic Books. 横井公一・辻河昌登（監訳）(2008). 関係精神分析の視座――分析過程における希望と恐れ. ミネルヴァ書房.
Stern, D. B. (1997). *Unformulated Experience : From Dissociation to Imagination in Psychoanalysis.* New Jersey : Analytic Press. 一丸藤太郎・小松貴弘（訳）(2003). 精神分析における未構成の経験――解離から想像力へ. 誠信書房.
Sullivan, H. S. (1938). The data of psychiatry (Introduction by J. Fiscalini). In D. B. Stern, C. Mann, S. Kantor, & G. Schlessinger (Eds.) (1995). *Pioneers of Interpersonal Psychoanalysis.* Analytic Press, pp. 1-26.
Sullivan, H. S. (1950). The illusion of personal individuality. In *The Fusion of Psychiatry and Social Science* (1964). New York : Norton.
Sullivan, H. S. (1953). *The Interpersonal Theory of Psychiatry.* New York : Norton. 中井久夫他（訳）(1990). 精神医学は対人関係論である. みすず書房.
Sullivan, H. S. (1954). *The Psychiatric Interview.* New York : Norton. 中井久夫他（訳）(1986). 精神医学的面接. みすず書房.
Sullivan, H. S. (1962). *Schizophrenia as Human Process.* New York : Norton. 中井久夫他（訳）(1995). 分裂病は人間的過程である. みすず書房.

第3章
関係性理論は心理療法の実践をいかに変えるか
古典的自我心理学と比較して

関係論と臨床実践

　心理療法の理論は実践を通してのみ導かれ，そして検証される。理論がいかに説得力のあるものであっても，肝心の実践が疎かであれば，その理論は存在しないも同然である。関係論的な考え方についても同じことが言えるのであって，理論そのものよりもそれが実践をいかに変えるかが重要である。本章では，関係論（関係性理論，関係精神分析）の精神分析・精神分析的心理療法への技法的影響について，いくつかのトピックに絞り考察する。

　既に見たように，関係論の源流の一つは米国の対人関係的精神分析であり，もう一方の源流は英国対象関係論（独立学派およびクライン派）である。対人関係的精神分析は米国の自我心理学に対抗するところに位置を占めてきた。したがって，関係論の議論の多くは古典的自我心理学に応答する形をとっている。もう一方の源流である英国対象関係論との間の詳細な比較を行うことも大変重要であるが，本章では主に古典的自我心理学との対比において関係論の技法を見ていく。関係論の臨床含意のうち，自由連想法，解釈，抵抗，構築主義的な対話の四つのトピックに注目し，考察する。

自由連想法について

　分析状況 analytic situation とは，精神分析の基本的な枠組み，基本的な方法のことを指す言葉である。すなわちそれは，週4〜5回一回45分の面接を，寝椅子を用いて，自由連想法によって行うものである（北山，2002）。

関係論は，この分析状況の理解と設定についての見直しを試みている。ここではその中でも特に自由連想法に焦点を当てて考察する。

　自由連想法の意義と問題点を検討する上で大切なことの一つは，自由連想法において暗黙のうちに前提とされているものを同定し，それらについて考察することである。このような前提の一つは，「隔離されたマインド神話」(Orange et al., 1997/1999)，すなわちこころが外部から隔離されて存在することが可能であるかのように考えるという前提である。それに対して，関係論の基本的な考え方は，こころは閉じてはおらず常に他者からの影響下にあるというものである。

　もう一つの前提として，患者の内的世界が既に完全に形成されているという前提がある。この前提に立って考えると，患者のこころは発達早期に形成され尽くしており，それが何らかの理由によって，例えば抑圧によって力動的に無意識に追いやられてしまっているということになる。そしてその意味を掘り起こすのが分析の目的となる。寝椅子の使用などによって外的刺激を「無くす」ことによって，欲動および欲動派生物，それらに対する防衛，欲動と防衛の間の葛藤などが否応なく精神内界から流出し，観察可能になるという考え方は，形成されつくした内的世界というこの前提があってこそ可能になる。そしてさらに，その際その流出を駆動するものとして，人に生得的に備わっている心的エネルギーの存在も前提とされている。それを手がかりに治療者は患者の内的世界を理解し，その発生を再構成する。

　さらには，患者は受動的であるということも前提とされている。ホフマン Hoffman, I. Z. (2006) は自由連想法の問題点を論じた。ホフマンによれば，自由連想法は三つの否認，すなわち，患者の自由なエージェンシー agency*の否認，患者と分析家の間の相互交流の否認，共-構築における患者の責任の否認，を前提に成り立つものである。これらの否認の背景には，患者が受動的な存在であるという大きな前提が隠れている。患者は自身の精神内界からの精神内容物の流出を報告する存在として捉えられており，患者による主体的な選択の可能性は考慮されていない。自由連想法の前提はこの

＊　agency という言葉は審級と訳されて自我や超自我などの心的機関を指す場合が多いが，ここでは主体性・能動性の意味である。

ように複雑であるが，それらは決して自明といえるものではなく，検討が必要なものである。

ここまで，患者のこころを閉じた受動的な箱として考え，そこから精神内容物が出てくるのを自由連想法によって待つ，という状況を巡るいくつかの前提の問題性を取り上げた。次に自由連想法を論じる上でのもう一つの問題，すなわち分析状況の設定を転移-逆転移の問題から切り離すことができるのか，という問題を取り上げたい。

そのためにまず，ギル Gill, M. M. が自由連想法について述べていることを参照したい。ギルは一者心理学，二者心理学という概念の使用でよく知られている。彼はホフマンの共同研究者でもあった。第1章でも触れたが，ギルはシェイファー Schafer, R，ジョージ・クライン Klein, G，ホールト Holt, R. と共にラパポート Rapaport, D. の下に学び，自我心理学派の精神分析家としてスタートした（Hoffman, 1996）。その後，ギルの関心は広まり，やがて対人関係学派にも深い関心を寄せた。その結果ギルは一者心理学と二者心理学の架け橋の役割を果たした。

ギル（1994）は自由連想法に関して論じている。彼が取り上げるのは，「自由連想せよ」という言葉自体の命令性である。そして治療者が注意を払うのは必ずしも自由連想の流れおよび内容**だけではなく**，自由連想への治療者の存在の影響そのものであると論じる。すなわち患者と治療者の相互交流が，患者の連想に絶えず影響を与えているということである。自我心理学者の中には，自由連想法の理想は抵抗なしに一次過程の内容がそのまま流出してくる状態である，という考え方をする者もいるという。しかし実際にはそういうことは起こらない，とギルは続ける。話すという行為は，自分自身にあるいは外的な聞き手に対して話す行為であり，そこには抵抗が生じるからである。精神内容物，その中でも特に一次過程物の，抵抗のない流出のような観念を治療者が持っていると，患者はそれを察して意味不明の一次過程様のモノローグを始めてしまう，とギルは述べる。また自由連想が行われていないときに，自由連想をすべきと患者に思い出させることは，転移が操作されてしまう可能性にもつながる。つまり，「自由連想をせよ」と命ずることは，「隔離されたマインド」への関心を前提にしていることになる。患者に具体的な何かをせよと強いることになる危険があり，転移-逆転移状況の探索に

は逆効果であることもある。

　ギルは結局，「こころに浮かぶことをすべて言ってください」と治療開始前に患者に告げるという精神分析の根本原則と言われているステップは踏まず，何も言わないか，あるいは「こころに浮かんでいることを聞きたいです」と言う程度にしていると述べている。もっともこのギルの方法は，患者に話題を自由に選ばせるという点で基本的には自由連想法を踏襲している。ギルは，自由連想法が「すべてを話す」ことの強制となることを回避すべく，技法的修正を施したと言える。自由連想法は不完全ではあるが，依然として分析状況を構成する最も重要な選択肢である。

　自由連想法の限界についての考察を行った。それでは自由連想法以外の選択肢の可能性はあるのか。その一つに，対人関係学派において「詳細質問 detailed inquiry」（Sullivan, 1954/1986；Levenson, 1987）と言われているものがある。レヴェンソン Levenson, E. A.（1987）によれば，詳細質問法が明らかにしようとするのは，患者による現実の経験の歪みである。対人関係的な（インターパーソナルな）プロセスの影響によって，患者は戯画化された記述を現実として受け入れた方が安全であると考えるに至っている。精神内界の探索を中心とする古典的な精神分析理論は，現実が歪曲されていくプロセスを精神内界理論の語彙で説明しようとする。一方レヴェンソンの対人関係的精神分析の方法は，患者の現実の経験が対人関係的に変化する仕方に注目している。それは欲動あるいは発達初期の経験に基づく空想によって患者による現実の知覚が歪曲されるという古典的な考え方とは対照的である。

　詳細質問法の目標は，精神内容を説明することではない。それは対人関係的な影響の**知覚**を広げることにある。自由連想法が発掘的であるとするならば，詳細質問法は探求的である。アーロン Aron, L.（1989）は自由連想法と詳細質問法の対比について次のように述べている。

　　自由連想法は，埋もれ，隠され，偽装されている潜在的内容を掘り出すという目標に向いている。しかし，古典モデルが顕在化している現れを分解し，「分析し」，解読することにより表面の背後に，下方に，裏側に回ることを奨励しているのに対して，インターパーソナル・モデルは緻密に表面に集中することによって経験を広げることを目標としている。

詳細質問法には自由連想法にはない利点がある。しかしもちろん詳細質問法も完璧ではなく，問題を内包している。第一に，詳細質問法の過剰な使用は話すべき内容を操作してしまう可能性がある。何を詳細に聞くのかということに関してスターン Stern, D. B.（1997/2003）は，治療者による詳細質問を動機付けるものとして治療者の「好奇心 curiosity」を挙げて論じている。ここで言う「好奇心」は，一般的な意味での好奇心よりも特異的な意味で用いられている。スターンは，治療者が保つべき好奇心とは「詮索好きであることを単に意識的に用いていること，質問をすることではない」と説明し，それは「問う余地があることに敏感であること」であるとする。しかし，スターンが好奇心と詮索好きであることとは違うということをわざわざ断っているのは，この両者が混同されやすいため，あるいは他方にいつの間にか転じやすいためであろう。すなわち詳細質問は過度の質問へと陥り，患者の自由な発話を妨げる可能性がある。

　第二の注意すべき点として，転移-逆転移状況が影響を受ける可能性が挙げられる。このことは自由連想法の命令性の問題として触れたが，詳細質問にも当てはまる。すなわち自由連想法に「自由連想せよ」と述べることの命令性，非自由性が内在しているように，詳細質問にも，そもそも質問をする存在としての治療者，さらには詮索好きあるいは暴露的な存在としての治療者など，さまざまな対人関係的意味の可能性が内在しているために，転移-逆転移状況は自ずと影響を受けざるを得ない。

　しかし，見方を変えればこの第二の点も必ずしも問題とは言えない。レヴェンソン（1987）によれば，詳細質問は不安を呼び起こし不安は抵抗を引き起こすが，それはある種の転移として現れる。そして彼は，「ラディカルな形式の詳細質問は自由連想と同じくらい転移の出現へとつながるが，それはオーソドックスな転移ではない。なぜならば，それは治療者との間の実際の経験として考えられるのであって，患者の空想が治療者へと投影されたものとして考えられるのではないからだ」と続ける。ここでレヴェンソンは転移という言葉をオーソドックスな転移とそうでない転移とに分けているので注意が必要である。前者の意味での転移は，過去に内的に形成された精神内容物の転移であり，「実際の経験」とは無関係であるか関係があってもその程度は大きくはない。一方後者の意味での転移においては，重点が置かれてい

るのは過去に形成された精神内容物ではなく,「実際の経験」のあり方そのものである。レヴェンソンは,「実際の経験」を過去の経験の焼き直しとしてのみ見ないようにしようと言っているわけである。

　もちろん，レヴェンソンのいう「実際の経験」は過去の経験によっても修飾される。「実際の経験」が患者の歴史および精神内界と無縁であるはずはない。レヴェンソンが「実際の経験」を取り上げるのは,「実際の経験」の中にある種の関係性の反復が示唆されているからこそであろう。ただ，レヴェンソンは過去の病因を直接的に（すなわち再構成的方法によって）あるいは間接的に（今-ここでの内的世界の展開によって）探求することが変化につながるとは考えず，詳細質問によって生まれる新しい知覚が変化につながると考えている*。

　こころの探求の方法論には，およそ完璧な唯一の答えというものはあり得ない。精神分析・精神分析的心理療法の基本的技法として，自由連想法が重要であることは言うまでもない。しかし以外に詳細質問のようなより積極的な技法を考えることも時に必要になる。そして詳細質問法もまた不完全である。自由連想法も詳細質問法も，それぞれ単独では不完全であり，転移-逆転移状況に常に影響され，そして逆に影響を与え続ける。

　転移-逆転移分析は精神内界と対人関係の弁証法的理解における鍵である。導かれる結論の一つは，精神内界および対人関係の双方に常に影響を受けているところの転移-逆転移の分析を要として，自由連想法，および詳細質問法などの積極的技法，という二つの極を考え，この三つの間を行き来するという技法である。自由連想法だけではない，と述べると，精神分析を否定してしまうような響きになってしまうが，そうではないと私は考える。私は，実際には詳細質問的な技法は既に多くの分析家が実践の現場で取り入れているものなのではないかと思う。ただ，それが何であるのかについて理論的に

＊　レヴェンソンのこの考え方にも問題がないわけではない。その一つは,「実際の経験」とそれ以外のもの，例えば空想とを適切に選別することが本当に可能性なのか，という問題である。これはホフマンをはじめ多くの関係論者が指摘している問題である。ホフマンは，精神分析プロセスにおいて「正されるのは，単に現実の歪曲ではなく，患者が自分の対人関係的な経験を形成し知覚する固有の方法への関わり方」であると述べている。「実際の経験」かどうかは究極的には知り得ないものであるが，そのような経験が形成されている関係的プロセスが分析の焦点になる。

説明するという作業が追い付いていないのではないかと思う。また，自由連想法と詳細質問法を併用することでそれぞれの利点が打ち消しあってしまうという可能性が理屈上は考えられる。しかし，そのようにはならないだろう。なぜならば，自由連想法と詳細質問法は患者の精神生活への二つの異なる寄与，すなわち内在（欲動や空想）と経験（現実の対人関係の知覚）にそれぞれ対応しているのであって，両者は相補的関係にあるからである。

解釈について

　関係論は，解釈の持つ臨床的意味を広げた。従来，解釈は，こころで本当に起こっていること，真実を患者に告げるものであった。しかしそのような理解で良いのか再考する必要がある。そもそも真実は構築的に作られるのであって，治療者が患者に一方的に告げることのできるようなものではないからである。

　古典的な精神分析の考え方では，真実は既に患者のこころの中に存在していると考えられている。それを見つけ出して解釈することが分析の作業である。フルシェ Fourcher, L. A.（1992）は，このような解釈を「シャベル」解釈と呼んでいる。シャベルで地面を掘り下げるように埋もれた無意識を掘り起こすような解釈である。このように真実が掘り起こされるべく既に存在しており，それを言い当てることが解釈であるという考え方は，実証主義的 positivistic なアプローチである。これと対照的な考え方が構築主義的 constructivistic なアプローチである。構築主義的アプローチでは，真実は掘り起こされるべく既にそこに横たわっているわけではない。真実とは構築されるものであり，解釈とは構築されておらず言語化もされていない暗黙のものを言葉にする作業である。フルシェは，このように暗黙のものに焦点を当てる解釈を「レンズ」解釈と呼んでいる。

　間主観性理論は同様の考え方を提示している。コフート Kohut, H. の自己心理学の流れを汲むストロロウ Stolorow, R. D. ら（Stolorow et al., 1987/1996）は，間主観的フィールドという相互交流の場に意味の源泉を求めた。間主観性理論は徹底したコンテクスト主義を採っており，関係論と同様真実に対して構築主義的アプローチを採っている。間主観性理論では従来解釈と

呼ばれていたものだけではなく，未だ構築されていない暗黙のものを言語化するプロセスをも重要視する。この考え方は，フルシェの「レンズ」解釈と類似している。

真実には既に患者の中に存在していると考えられるものと，これから構築されていくものに分けられる。スペンス Spence, D. P.（1982）は，前者のような真実を「歴史的真実 historical truth」と呼び，後者のような真実を「物語的真実 narrative truth」と呼んでいる。精神分析は，歴史的真実だけではなく物語的真実をも扱うようになり，そして後者の重要性が増している。

なぜ精神分析は物語的真実へと移行しなければならないのか？　なぜ解釈は構築主義的である必要があるのか？　その理由を理解する上で，スターン（1997/2003）の「未構成（構築）の経験 unformulated experience」という概念が役に立つ。スターンによれば，従来無意識とは，既に構成（構築）された，既に意味を持った内容がどこかに隠されてしまっていることを意味していた。それに対して，無意識には未だ構築されていないものもあるという考え方を彼は提唱している。「未構成の経験」とは，何らかの理由で意味を持ち得ないまま解離され無意識になっているような経験を指す。例えばこころの処理能力を超えてしまったという理由で未構成のまま無意識に留まっているような外傷的な経験のことである。対照的に，抑圧された無意識，古典的な意味での無意識は，意味がひとたび生じ，その後に抑圧されたものと考えられている。無意識について比較的似たような考え方を表している概念として，他にもボラス Bollas, C. の「未思考の知 unthought known」（Bollas, 1999/2004）などがある。そのように意味を未だ持ち得ていない経験，自省的に意識の俎上に乗ったことのない経験，「未構成の経験」は，患者と治療者の間に起こる転移-逆転移状況の理解を通して初めて自省的に構築される機会を与えられるとスターンは論じている。すなわち分析の目標とは，埋もれてしまった真実の発掘とその再構築ではなく，未構成であるものの構成（構築）ということになる。分析プロセスに関して従来から知られている一つの考え方は，局所論的な喩えを用いるなら，漸進的に下部＝無意識の方向に掘り下げて底部に到達し終わるというものである。それに対して構築的な分析プロセスとは，未構成の解離された自己をしていき，構築されたフィールドをどんどん拡張していくようなプロセスであると言えよう。

古典的解釈の問題性は，転移-逆転移状況の観点からも論じられている。解釈の有効性に関して，内容についてだけでなく解釈のプロセスという点からも考察することが必要である。換言すれば，真実を治療者から聞くというプロセスの，患者にとっての意味を考察することが重要である。ミッチェルは同様の視点から，解釈を解釈として聞くことができないことの問題について論じている（Mitchell, 1997）。解釈を解釈として聞くことができるということは，「作業同盟」（Greenson, 1965）といった言葉で還元的に論じられてきたが，ホフマンもこのことに問題を投げかけている。真実を告げようとする治療者の態度と真実を聞こうとする患者の態度の対は，ある種の転移-逆転移の対である。

転移を巡る抵抗について

　構造論的に，抵抗をイド抵抗，自我抵抗，超自我抵抗に分類することができるのは周知の通りである（Freud, 1926）。これは，**患者のこころ**が抵抗を示しているという考え方である。このような意味での抵抗が強すぎる場合，はじめの診断面接の段階で，あるいは治療経過中に，心理学的心性を持っていないとされて分析の対象からはずされることもあった。分析可能性の問題である（Freud, 1905）。
　しかしこころを閉ざされたものと考えない場合はどのようになるだろうか。その場合，患者と治療者の実際の相互交流の次元を加えて考慮する必要がある。患者が抵抗しているように見える時に，患者のこころのみに注目して，イドが，自我が，あるいは超自我が抵抗していると考えるのは，一者心理学的な，一つの見方である。それに加えて，患者が抵抗しているように見える同じ状況を，患者と治療者の間の関係性のあり方そのものとして考えることもできる。患者と治療者の間の関係性のあり方についての理解は，転移-逆転移の理解と深い関係がある。そこで転移-逆転移の問題を抵抗の問題と関連させながら以下に論じる。
　転移を巡る抵抗は従来自我抵抗として精神内界の抵抗に含まれてきた。一者心理学的な考え方，すなわち閉じたこころという考え方を取っている自我心理学派のアーロウ Arlow, J. A.（1987）によれば，転移とは過去の力動を

指し示す契機として重要である。すなわち分析の目標は過去の発生の理解であり，過去を思い出すことへの抵抗が転移として現れるため，転移抵抗の分析によって発生的解釈を可能にすることが重要である。

しかしギル（1982）は，過去のことが言及されるのは現在における「転移への気づきに対する抵抗」であると論じ，過去の扱いについてアーロウとは逆の考え方を提示している。ギルの考えでは，転移の分析は過去の抑圧の発見法であるだけではない。過去の事象への言及は逆に現在の転移への気づきに対する抵抗である。ギルは転移分析の中心的役割を論じているが，その理由として，歴史的発生の発見における転移の有用性よりも現在における転移の情緒的な直接性を挙げている。ギルは転移分析の焦点を過去の発生から現在の情緒的直接性へと移すことによって，今-ここでの情緒的直接性，相互交流，実際の関係性に対する抵抗（「転移への気づきに対する抵抗」）という考え方を提示した。

ギルが先鞭をつけた抵抗に関する関係的な理解は，現代の関係論によりさらに押し進められている。関係論的な考え方によれば，転移は患者が一方的に起こしているものではない。転移と逆転移は切り離せるものではなく一つの対である。

エナクトメント論は，転移-逆転移状況が対人関係のプロセスとして現実化していることにより生じている抵抗状況を理解する上で有用である。エナクトメントは，狭義には治療者の個人的動機の行動化という反治療的な事態であるが，今日ではそもそも意図して回避できるようなものではないと考えられている。エナクトメントは決して歓迎すべきものではないが，それを避けようという努力を過剰なまでにするよりも，それが起こってしまうものだという現実を受け入れ，何とか治療的に用いることができないかを考えた方がよい。

ギルの「転移への気づきに対する抵抗」は患者と治療者の側の両方からのエナクトメントとして理解できる。例えば治療者が患者に明白だと思える解釈を行い，患者がそれに対してあからさまに抵抗を示す状況を考えてみよう。治療者は，自分にはあまりに明白な解釈なので患者が抵抗しているようにしか思えない。すると治療者の中には自身の内部における解釈の自明性に由来する苛立ちが生じる。このような場合，治療者の確信は患者とその親と

の間にかつて起こっていたような関係性の再現として患者に無意識的に経験され，その意識的気づきに対する抵抗が生じるかもしれない。患者は転移に気づく代わりに，解釈そのものに抵抗するか，あるいは解釈にマゾキスティックに屈服するという具象的な対応をし，窮地に追い込まれる。

　このような事態は，患者一人の閉じたこころの中のプロセスではなく，患者と治療者が共に作り上げている一つの関係性のあり方である。したがってそれを抵抗と呼ぶことは，そのような状況を患者の側に一方的に帰しているように響くため，正確には抵抗と呼ぶべきではない。患者が一方的に抵抗しているのではなく，分析プロセスが進行しないような状況が患者と治療者の双方によって作り上げられているのである。

　このような事態が生じている場合の方策について考察したい。抵抗と見なされるような状況が起こっているときに，それをもっぱら患者に起こっていることとして解釈するのが一者心理学的なアプローチである。しかし患者が解釈を否定することにより一層抵抗が深まってしまう場合がある。一者心理学的に考えていくと，患者のこころの中に埋もれている抵抗を動機付けているものを指摘すればよいということになる。しかし分析という発掘作業は二者で行っているものであり，発掘作業そのものが二者の関係性のエナクトメントになっていまい，それが延々循環してしまう場合もある。そのような場合には，埋もれているものを言い当てる前に，発掘作業そのものを話し合いの俎上に載せる必要がある。

　このような状況において有効方法はあるのだろうか。ここには一般的な答えは存在しない。治療の場において何か新しいことが起こらなければいけないのであるが，それが何かはケース・バイ・ケースである。しかしいくつかのガイドラインは考えられる。まず，患者が抵抗をしている理由を説明することの効果は疑問だ。それよりも，患者の治療者に対する影響，治療者の患者に対する影響を共に理解することを目標にすることが重要である。換言すれば，相互のエナクトメントのプロセス自体を理解の目標にすることであろう。起こっていることを患者のみの問題に帰さず，患者と治療者が共に作り上げた事態であるということを認識し，それを一緒に考えていこうという姿勢を示すことが大切である。このことは，精神内界の内容ではなく相互交流のプロセスそのものを分析の対象とすることを意味する。

アーロン（1996）は，このようなアプローチを取ると自ずと患者による治療者の主観性の経験のあり方が問われることになると論じている。その結果，場合によっては治療者が患者の経験のあり方を自己開示することもあるかもしれない。もちろん，自己開示をすることは決して無思慮に行われるべきことではなく，常に最大限の熟慮の上でのみ行われるべきことである。患者の問題を治療者の個人的問題として自責的に引き受けてしまっていないかなどについて治療者自身が十分自己分析を行った上でのみなされるべきであることは言うまでもない。

患者の抵抗として現れている現象が，患者のみに帰せられるものではなく，また治療者のみに帰せられるものでもなく，患者と治療者の相互作用の結果である可能性を探索することが重要である。したがって，エナクトメントが起こった理由がすぐには明らかではない状況，従来であれば抵抗が起こっているとされていたような状況は，実は重要な契機でもある。なぜなら，これまで理解されていなかったような関係性について，今-ここにおいて初めて二人で理解するチャンスが与えられるからである。

構築主義的な対話について

これまで論じたように，辿り着くべき唯一の真実を措定しない場合，分析プロセスは必然的に構築主義的な様相を帯びる。構築主義的対話を理解するためには，非構築主義的対話について把握し，実感することが役に立つ。非構築主義的対話の一つの典型は，患者が素材を提示してそれを治療者が理解し，解釈を与えるという形で完結するサイクルの反復としての分析プロセスである。解釈を与えると，患者はそれについての感じ方や考えなどを反応として示すが，それらは新たな素材であり，素材の蓄積は新しい解釈の生成に繋がるために，同様のサイクルは反復されていくことになる。やがて早かれ遅かれそのような反復はこころの最深部に達するとされる。このようなアプローチは，達するべき真実の存在が何らかの理由により表層から深部へと追放されていることを前提としている。そのような追放の運動が可能になるのは，精神内界の諸力の存在のためである。このような力動は，主に抑圧モデルに由来する。

一方構築主義的対話においては，このような諸力による方向付けに頼ることはできない。なぜならば構築主義的な対話とは，スターンによる「未構成の経験」という概念から理解されるように，このような諸力の生成以前の位相を扱うものだからである。したがって，未だ構築されていない自己経験への詳細な質問によって患者の好奇心が広がることが一つの目標である。構築主義的なアプローチをしようとすると陥りやすいのは，それが一種の誘導尋問のようになってしまうことである。必ずしもそうではいけないというのではなく，実はそうであっても良い場合もあるが，少なくとも自分が誘導尋問的な質問をしているかどうかについては自覚できていることが大切であろう。その自覚がないと，介入の仕方を質問形式にしている本来の効果がなくなってしまう。すなわち，「何々，ということでしょうか？」と質問しているものの，実際には「何々，ということである」と断定的に言っているのと変わらないという事態を生じてしまう。

　関係論によれば，本当に「深い」レベルの無意識は，自由連想で浮かび上がってくるものだけではない。本当に深く無意識のものの一つは，未だ構築されていない，解離された自己である。このような深い無意識が探求可能になる方法の一つは，そのような自己を巡る関係性が二者間にエナクトされることである。このようなエナクトメントが起こっている場合，治療者自身の側でもこれまで意識したことのないような自己が活性化されており，自身に何が起こっているのか分からないという状況になる。関係論的には，そのような状況は変化の機会である。治療者が自分が今感じている気持ちがどこから来ているのか分からないと感じ，それを治療の素材として患者と共有するとき，一番深いレベルの無意識的素材を扱える可能性がある。

結びに代えて：心理療法理論・実践の正しさについて

　ここまで関係論に基づいた心理療法理論を正しく理解し，正しく実践することについて述べてきた。理論の正しい理解は有効な実践にとって必須であることは言うまでもないことである。しかし事情はより複雑で，逆説的ですらある。心理療法に携わる者には常にある種の欲望・願望が伴っている。心理療法をそもそも行っていること自体，人それぞれではあるが，既に何らか

の動機に基づくことであり，その意味でビオン Bion, W. R. (1967) の,「記憶なく，欲望なく」精神分析を行うべしという言葉は，その不可能性・逆説性を理解することに意義がある。すなわち，不可能で逆説的な分析状況というものを患者と治療者が耐え忍ぶことに心理療法の本質の一つがある。日々の心理臨床の場で患者と治療者の間に生起している事態の一側面は常に治療者のこころのある種の派生物であって，心理臨床を実践すること自体を特異点として考察の対象から除外することはできない。治療者は何らかの判断を常に下しながら日々の臨床にあたっている以上，その判断を基礎付けるものとしての心理療法理論を必要としており，その選択にあたっては治療者の個人的動機を無視することはできない。しかしそのような欲望自体が問題であるわけではない。関係論が教えることの一つは，患者と治療者の間に起こってくることを予め予想することはできないということである。正しいと思われることを「意図すること」はもちろん構わない。しかし心理療法がどこに向かうのかを予め知ることはできないのであり，意図せずとも関係性の展開は招来されてしまう。しかしそのような瞬間にこそ特異的価値を持つ変化の契機は潜んでいるということを関係論は教える。その意味で，われわれは理論を徹底的に学びつつ，同時に理論の正しさが失われる瞬間をも大切にするという逆説を生きる必要があるのではないだろうか。

文 献

Arlow, J. A. (1987). The dynamics of interpretation. *Psychoanalytic Quarterly*, 56, 68-87.
Aron, L. (1989). Dreams, narrative and the Psychoanalytic method. *Contemporary Psychoanalysis*, 25, 108-126.
Aron, L. (1996). *A Meeting of Minds : Mutuality in Psychoanalysis*. New Jersey : Analytic Press.
Bion, W. R. (1967). *Second Thoughts*. New York : Aronson.
Bollas, C. (1999). *The Mystery of Things*. London : Routledge. 館 直彦・横井公一（監訳）(2004). 精神分析という経験——事物のミステリー. 岩崎学術出版社.
Fourcher, L. A. (1992). Interpreting the relative and absolute unconscious. *Psychoanalytic Dialogues*, 2, 317-329.
Freud, S. (First German edition : 1905). On psychotherapy. *The Standard Edition VII*. London : Hogarth Press, pp. 257-268.
Freud, S. (First German edition : 1926). *Inhibitions, Symptoms and Anxiety. The Standard*

Edition XX. London : Hogarth Press, pp. 75-176.
Gill, M. M. (1982). *Analysis of Transference. Volume I.* New York : International Universities Press.
Gill, M. M. (1994). *Psychoanalysis in Transition : A Personal View.* New Jersey : Analytic Press.
Greenson, R. (1965). The working alliance and the transference neurosis. *Psychoanalytic Quarterly,* **54**, 155-181.
Hoffman, I. Z. (1996). Merton M. Gill : A study in theory development in psychoanalysis. *Psychoanalytic Dialogues,* **6**, 5-53.
Hoffman, I. Z. (2006). The myths of free association and the potentials of the analytic relationship. *International Journal of Psychoanalysis,* **87**, 43-61.
北山 修 (2002). 分析状況. 小此木啓吾 (編集代表) 精神分析事典. 岩崎学術出版社, pp. 431-432.
Levenson, E. A. (1987). The purloined self. *Journal of the American Academy of Psychoanalysis,* **15**, 481-490.
Mitchell, S. A. (1997). *Influence and Autonomy in Psychoanalysis.* New Jersey : Analytic Press.
Orange, D. M., Atwood, G. E., & Stolorow, R. D. (1997). *Working Intersubjectively : Contextualism in Psychoanalytic Practice.* New Jersey : Analytic Press. 丸田俊彦・丸田郁子 (訳) (1999). 間主観的な治療の進め方――サイコセラピーとコンテクスト理論. 岩崎学術出版社.
Spence, D. P. (1982). *Narrative Truth and Historical Truth : Meaning and Interpretation in Psychoanalysis.* New York : Norton.
Stern, D. B. (1997). *Unformulated Experience : From Dissociation to Imagination in Psychoanalysis.* New Jersey : Analytic Press. 一丸藤太郎・小松貴弘 (訳) (2003). 精神分析における未構成の経験――解離から想像力へ. 誠信書房.
Stolorow, R. D., Brandchaft, B., & Atwood, G. E. (1987). *Psychoanalytic Treatment : An Intersubjective Approach.* New Jersey : Analytic Press. 丸田俊彦 (訳) (1996). 間主観的アプローチ――コフートの自己心理学を超えて. 岩崎学術出版社.
Sullivan, H. S. (1954). *The Psychiatric Interview.* New York : Norton.

第4章
精神分析における対象概念についての一考察
その臨床的可能性

対象・対象関係とは何か？

　対象および対象関係の概念は，現代の精神分析臨床において欠かすことのできないものである。さらにそれは，精神分析を超えて精神療法の実践に広く深く入り込んでいる。われわれが，実際のものであれ想像上のものであれ，何らかの関係性について考察し臨床的に扱っていく際，対象および対象関係についてこれまで論じられてきたことに触れずに先に進むことは困難であろう。

　対象および対象関係の概念が広く浸透しているということは，その臨床的有用性を考えると好ましいことである。しかし一方，対象および対象関係の概念，およびその周辺概念が，十分に明確化されることなく用いられてしまうこともしばしば起こっている。われわれの臨床的語彙が豊かになることは一般に歓迎すべきことではあるが，同時にその語彙の意味について十分に吟味し続けることが必要であろう。本書のテーマである関係性についての精神分析的理解を深めるためにも，精神分析における対象概念について多角的に把握しておくことは必須である。

　本章では，対象概念の基礎的理解のために，フロイトの仕事の中における対象概念の変遷を明確化し，その臨床的応用の可能性を模索する。最初に，対象という言葉の意味を整理するために，グリーンバーグ Greenberg, J. R. とミッチェル Mitchell, S. A. の論考をもとに，フロイトの対象を巡る思考の変遷を辿る。ここでは臨床的文脈を離れて純粋に理論的考察に集中するが，それは，その後に臨床的に有用と思われる対象概念の分類を提示するために

必要な議論が含まれているからである。次に，対象概念を四つに分類することを提案する。この分類は臨床的有用性を目標としている。さらに，対象概念の理解とその分類が臨床プロセスの理解に与える影響を臨床ヴィニェットを通して論じる。対象概念の整理の仕方にはさまざまな可能性があると思われるが，本章では特に，内的世界と外的世界の相関，そして外的対象が同一化のプロセスにより内的対象として取り入れられていく過程に注目する。

対象とは何か：フロイトの思考を辿る

対象概念についての考察の枠組み：比較精神分析的な観点

　対象とは何か。対象と関係を持つということはどういうことを意味するのか。このことを理解するのに大いに役に立つのは，フロイトによる対象を巡る考えの変遷を辿ることである。そして，対象とは何か，というメタ心理学的議論を行うために大変有用な概念的枠組みを提供しているのは，フロイト自身の思考に加え，それ以降の自我心理学の考えであろう。心的構造，心的エネルギー，自我，知覚，記憶の痕跡，表象などの諸概念は，自我心理学の枠組みの中では，可能な限り論理的に扱う努力がなされている。自我心理学は，後にその機械性を批判されることになるわけであるが，そこには概念の曖昧さを排除しようという姿勢がある。その姿勢から学ぶものは多い。

　フロイトの考えを辿るために，本章ではグリーンバーグとミッチェルの『精神分析理論の展開――欲動から関係へ』（Greenberg and Mitchell, 1983）（以下『展開』と略す）を参照する。彼らはこの仕事において，対象概念の扱いを巡って，精神分析理論を欲動/構造モデルに基づくものと，関係/構造モデルに基づくものとに大きく二分した。精神分析諸理論をこのように一定の手続きに従い分類する研究は，比較精神分析 comparative psychoanalysis と呼ばれているが，グリーンバーグとミッチェルはその嚆矢である。比較精神分析的な観点からの諸理論の考察は，われわれに明快な眺望を与えてくれる。

フロイトの対象概念：三つの時期

　グリーンバーグとミッチェルは，フロイトの仕事の中における対象概念の

扱い方について，以下のような三つの時期に分けて論じている（Greenberg and Mitchell, 1983）。

第一期：1880年代後半から1905年まで：
この時期，フロイトは願望モデルを採っていた。

第二期：1905年から1910年まで：
この時期は，フロイトが欲動論を確立した時期である。この時期は，フロイトが対象関係をもっとも機械的に定義していた時期である。

第三期：1911年以降：
この時期は，欲動論に関係概念を巧妙に引き入れようとしていた時期である。しかし，フロイトは結局途中でこの試みから離れてしまった。

次に，第一期から第二期を経て，第三期に至るフロイトの発想の変化を検証していく。その際，随時『展開』を参照する。なお，理解の助けのために，それぞれの期についての特徴を簡便にまとめた表を作成したので，随時参照されたい。

	モデル	年代	対象と欲動の関係	図式	対象
第一期	願望モデル	1880年代後半～1905年	対象の内的規定要因はあるが，欲動とは特定されていない	欲動／構造図式と関係／構造図式の特徴を併せ持つ	(1) (2)-1
第二期	欲動論（機械的欲動論）	1905年～1910年	対象は欲動に規定される	欲動／構造図式への本格的移行	(1) (2)-1
第三期	構造論的欲動論（同一化に基づく関係概念）	1911年以降	対象は欲動と外的影響に規定される	欲動／構造図式の完成；関係／構造図式を示唆するものの，推し進めなかった	(1) (2)-1, 2, 3

第一期：願望モデル

　1880年代後半から1905年までフロイトが主に追究していた願望モデルにおいては，願望されるのはある種の**状況**であった，とグリーンバーグとミッチェルは論じる。**状況**とは，以下のように説明される。それは通常，単数あるいは複数の人や物が登場するのみならず，かつそれらの間に何らかの，実際の，あるいは想像上の，相互交流があるような事態である。例えば，自分が好意を持っている相手から，自分への好意の告白を聞く，あるいは自分への好意が想像される，というような事態である。すなわち，ある状況においては，何か特定の人や物のみが欲されるわけではない。

　したがって，願望モデルにおいては，その特定の人や物を指すところの，対象，という概念は厳密には存在しない。願望されるのは，自分が望んでいることが起こる，自分が望んでいるものが手に入る，という状況の総体である。その状況は，対人関係的状況を含むかもしれないし（人と人との間の相互交流），含まないかもしれない（人と物との相互交流，物と物との相互交流，空想の中での交流，あるいは相互交流の不在）。対象という概念はこのモデルには必ずしも適合しないが，後のモデルとの比較のためにこのモデルにおける対象関係を考えるならば，それは，ある状況を構成するある種の関係性である，というような大雑把な表現にならざるを得ない。

　願望の性質について考察するのみならず，願望の由来についても考察しなければならないことをグリーンバーグとミッチェルは続けて論じている。フロイトは，人がどのような願望を持つにいたるのかを決定しているのは何か，ということについて考察した。その結果フロイトは，それは内的な要因であると考えた。それでは，なぜある特定の状況が欲されるのか。『夢判断』（Freud, 1900）においてフロイトは，それは過去の充足の記憶のためであるとした。すなわち，願望とは，正確には，過去の充足的状況の**知覚**の**再現**への願望である（同書，p.566）。ここで知覚という言葉は，外界・外部で起こっていることについての情報を受け取り，認識するということを意味している。さらに，充足されるものは内的なニードであり，「生命の必要性」（同書，p.565）であるとフロイトは論じた。しかし，願望モデルでは，欲動論におけるように内的要因がそれ以上に特定されることはなかった，とグリーンバーグとミッチェルは論じている。願望を決定しているものは漠然と内的

であるとはされているものの，それが内的な欲動であるとは特定されていない。

このように，願望の決定要因を内的なものであると考え，かつそれを生命の必要性に求める議論には，論理的必然性はないと言えよう。願望が外的に決まると考えることは可能であろう。また，内的要因が，生命の必要性という言葉が示唆するように，生物学的である必然性もない。それは例えば，グリーンバーグ (1991) が指摘しているように，安全性の必要性などの，内的ではあるが心理的なニードであってもよい。しかし，必然性を欠いているとは言え，フロイトの採った方法の選択は臨床経験の徹底した分析から導かれたものであり，一つの妥当な理論的選択であった。

願望モデルは如何なるメタ心理学的特徴を持っているのだろうか。その後に確立された欲動論と比較すると，それは，関係/構造モデルに近い特徴も併せ持っているとグリーンバーグとミッチェルは論じる。このことは以下のように説明される。願望モデルにおいて欲されているものが過去の充足的状況の知覚の再現であるということは，願望モデルにおける知覚と記憶の重要性を示している。知覚は外部とつながっている。記憶は，過去の外部由来の知覚に関連した記憶という形で願望されるものを内的に示す。したがって，願望モデルにおいては，内的決定性が重要視されているものの，内的な中心点であるところの欲動からすべてが派生するとは考えられておらず，内的な決定は外的知覚のあり方との相関においてなされる。外的知覚なしに内的決定性のみが先行するということはない。外的知覚がまずあり，それが内的な理由によって過去において充足をもたらしたために，その外的知覚は願望されるものを示す記憶を介して内部に情報を残す。外部の知覚を重視するということは，内在的なもののみならず経験的なものを重視するということであり，それは関係/構造モデルにおいて採られている方向性である。

このように，願望モデルでは知覚機能と記憶機能が大切である。したがって，それらの場であるところの自我も重要な役を担う。ここでわれわれはグリーンバーグとミッチェルがいうところの対象関係の「自我側面」(『展開』，p. 287) と呼ばれるものを論じていることになる。当然のことながら，欲動論においても記憶については論じられている。欲動論においても，ある種の満足の経験が記憶されるからである。しかし欲動論においては，満足の経験

を規定しているのは欲動であり，その意味で記憶は欲動の配下にある。一方願望モデルにおいては，願望されるものは内的に決められるわけであるが，それは後の欲動論におけるように性的満足でもよいし，破壊衝動の満足でもよいし，自己保存でも，情緒的暖かさでもよいのである。内的な「必要性」であることは決まっているものの，その中身は決まっていない。

第二期：欲動論の確立と対象関係──その機械的な扱い

願望モデルにおいては「生命の必要性」という以上には特定されなかった内的要因は，『性欲論三篇』(Freud, 1905) において，機械論的ともいえる欲動論として明確に同定される。ここで機械論的という言葉を用いるのは，外部の影響を受けない自律的機械のようなものとして主体を捉えている，という意味においてである。この時点で，フロイトは対象概念についての明確な定義を持つようになる。フロイトは「性的魅力を発する人を性対象と呼ぶことにしよう」(同書, pp.135-136) と述べている。そして，対象は欲動によって決まるとされる。さらに，フロイトによれば，「刺激の性質は，快感を作り出すにあたって，関係する身体部位の性質よりも重要である。肉感的吸い付きに身を任せている子供は，自分の身体を探しまわり，どこかの部分を選んで吸う……もしも偶然に子供があらかじめ定められている部位（乳首や性器など）に行き当たるならば，疑いようもなく，それが好まれるようになる」(同書, p.183)。すなわち，「刺激の性質」が対象の性質よりも，一次的重要性を持つ。同様に，フロイトは「本能とその運命」(Freud, 1915) において，対象は「本能について最も可変的」であって，「本能と最初から連結されているわけではないが，満足を可能にするのに特有の適性を持っている結果としてのみ対象にあてがわれる」とも述べている（「本能とその運命」，p.122）。このように，この時期のフロイトの考えによれば，欲動が対象を決定するのであり，対象は対象のステータスを偶然に得るだけである。対象は，欲動の持ち主であるところの主体に対して完全に受け身である。対象が主体に影響を与えることはない。

この時期の欲動論における対象関係は一方向的である。影響性の方向は常に欲動から対象へと向かう。そこには相互交流的視点はほとんど存在しない。それ以前の願望モデルと異なるのは，内的要因の同定に加え，相互交流

の相対的不在という点であろう。相互交流が完全に欠如しているというわけでは必ずしもない。なぜならば，対象は欲動の満足とフラストレーションという経験の蓄積の結果作られるものであるとされているからである。グリーンバーグとミッチェルは，フロイトの次の表現を引用している。「満足という状況の繰り返しが，母親から対象を作ったのである」（『制止，症状，不安』(Freud, 1926, p.170)。ここで述べられていること，すなわち対象を作る，ということは，対象と呼べるもの，対象のステータスに値するものを作る，という意味である。対象の生成が「状況の繰り返し」と関係があるということは，願望モデルの場合と同様，外部の知覚（状況）と記憶（繰り返し）の役割を示唆している。そこに相互交流の若干の存在を見ることができる。しかし，内的要因を狭く欲動に限定したために，外部の影響の可能性はその狭い欲動の可能性に依存することになった。この時期の欲動論における相互交流は，願望モデルにおけるそれよりもずっと小さい役割を果たすのみである。

第三期：同一化と関係/構造モデル

　フロイトの理論における対象概念の最大の転換点は，「悲哀とメランコリー」(Freud, 1917)であったとグリーンバーグとミッチェルは論じる。それまで対象は欲動の向かう先でしかなかったが，「悲哀とメランコリー」において，対象は「同一化」のプロセスによって自我の一部になる。フロイトの有名な言葉に「対象の影が自我の上に落ちる」（同書，p.249）という言葉がある。対象がわれわれの一部になるということである。グリーンバーグとミッチェルは，「同一化の概念によって，われわれは，対象が精神構造の本質に影響を与える力に初めて出会う」（『展開』，p.71）と述べている。

　どのようにしてそのようなことが起こるのかについて，説明が必要であろう。そのメカニズムについては，以下のように理解される。備給の対象を喪失すると，失われた対象への備給は行き場所を失う。一方，フロイトの考えでは，自我はそれ自体はエネルギーを持たないものであるから，自我が何かをするためには，イド由来のエネルギーを何らかの方法で得る必要がある。そこでフロイトは，失われた対象備給の自我への撤収という考えに至った。備給の撤収という発想は，フロイトの自己愛論の中で詳細に展開されている

(Freud, 1914)。そのようにして得たエネルギーを用いて，自我は失われた対象との同一化を図る。すなわち，失われた対象をわれわれの一部とすることにより，外的には失われた対象との関係を内的に保ち続けることができるようになる。そのようにして，外的対象がその不在においても自我の中で語ることになり，逆に自我は失われた対象に語り続けることができるようになるわけである。

　ここでは，二つの点が大変重要である。第一に，外的な対象，実際の関係性が精神内界に影響を与えるメカニズムが言及されている。第二に，対象関係の，リビドー的側面（イド側面）以外の側面が導入されている（『展開』, p.287）。先ほど，対象関係の知覚・認知的側面，対象関係の自我側面を願望モデルの議論の中で紹介した。したがって正確には，再導入されていると言うべきである。

　対象関係の自我側面という考え方は，われわれの日々の臨床的理解の中に既に深く浸透している。例えばわれわれが，取り入れられた内的対象との内なる対話，というような発想をするとき，そのような対象関係には，リビドーの対象側面のみならず，かつて外的な存在だった対象の記憶，という側面，自我側面が含まれている。すなわち，われわれは対象関係の機械的な側面（リビドー的側面）を理解しつつも，特に臨床的応用において，対象関係の自我側面を考慮していると言える。これら二つの側面を意識的に明確に区別することは重要だ。

　このように，フロイトは外的影響が内的対象関係として取り入れられる道筋を理論化した。フロイトは，エディプス状況の議論に加えて，『制止，症状，不安』では前エディプス期の各種の危険状況の議論を行ったが，それでもフロイトは自分の新しいモデルを用いて現実的喪失の知覚・認知的側面の議論をする方向には向かわなかった。対象関係の自我側面は，依然リビドー的側面の下位に位置づけられていた。内的対象としての取り入れは，超自我という形での取り入れに限られており，一般的な外的影響の取り入れという視点は生まれなかった。後にマーラー Mahler, M.，ジェイコブソン Jacobson, E.，カーンバーグ Kernberg, O. F. が行ったのは，対象関係の自我側面を補強し，さらにはイドとは独立したエネルギーを考えることであった。そのような理論化を通して，外的現実が精神内界に及ぼす影響をさらに

理論化できるようになった。

　以上の流れをまとめると，次のようになる。フロイトは，外的影響を比較的自由に組み込む可能性を持っているモデル（願望モデル）から出発したにもかかわらず，それを『性欲論三篇』の時点で棄却し，対象の内的決定性を重視する方向に向かった。外的影響の組み込みの可能性は「悲哀とメランコリー」において，同一化という概念によって再び考慮された。しかしフロイトはその方向を一般化して推し進めることはしなかった。

対象概念の分類：内在化のヒエラルキー

　以上の議論を踏まえて，あらためて問うてみたい。それでは一体，対象とは何か？　前節において論じたグリーンバーグとミッチェルの仕事を参照すると，対象概念としていくつかの考え方が区別される。対象概念は，複雑な臨床的概念であり，対象概念を図式的に分類するのには自ずと限界がある。したがって，厳密に網羅的で相互排他的な分類を考えることは至難であるし，またそのような分類によって臨床的理解が制限を受ける可能性もある。しかし，われわれが少しでも明快に臨床的議論を行うための助けとしてそのような分類は有用であろう。以下のような分類を考える。

　まず，対象が存在する場所によって二つに分ける。すなわち，

(1)外的対象（実際の対象）
(2)内的対象

である。そのうち(2)を，さらに次の三つの下位分類に分ける。

(2)-1．表象あるいは空想としての対象
(2)-2．自我機能を一部担った内的対象
(2)-3．外的対象に高度に同一化した内的対象（外的対象に高度に同一化した自我部分：例えば超自我）

　ここで，この分類法は便宜のために厳密さを幾分犠牲にしていることを確

認しておきたい。第一に、表象は空想とは異なるものであり、二つはまったく同等に扱えるものではない。また、表象は通常意識化されるものだが、空想は意識的なものもあれば無意識的なものある。また、表象は物語性を直接は含まないが、空想は物語性を通常含んでいる。しかし表象も空想も、それが機能そのものではないという性質を共有している。今挙げた分類法は機能面に着目したものであるとも言えるが、(2)-2 と (2)-3 の違いは機能的組織化の程度の違いと機能の由来の違いを関連させているものであり、もっと細分化された分類ももちろんあり得る。しかし複雑に過ぎても有用ではないだろう。以下、この分類法を用いて前節までに論じたフロイトの発想をこれらの分類と照らし合わせながら考察していくことにする。

願望モデルおよび『性欲論三篇』における対象は、(1) あるいは (2)-1 に近い。願望論においても、そして『性欲論三篇』における機械的欲動論においても、対象は実際の外的対象であるか、あるいはその記憶としての内的対象である。記憶としての内的対象は、表象あるいは空想としての対象に近い。記憶は、表象あるいは空想とは等値ではない。例えばクライン Klein, M. が論じたように、表象あるいは空想は記憶の痕跡と関係なく原初的に存在するのかもしれない。しかし、フロイトの主たる考えは、表象あるいは空想は記憶に依拠しているというものだった*。

願望モデルと機械的欲動論は大まかに言って対象概念の範囲を共有しているが、対象の規定のされ方が異なることを確認しておくことは重要である。すなわち、これまで既に論じたように、願望モデルと 1905 年の時点での対象概念の大きな違いは内的規定要因の特定度にある。願望モデルとは異なり、機械的欲動論においては対象は欲動によって明確に規定されている。

1911 年以降の欲動論（ここでは、1905 年から 1910 年までの、機械的な欲動論と区別するために、構造論的欲動論と呼ぶことにする）における対象は、それ以前の対象概念を含む。したがって、(1) あるいは (2)-1 を含む。しかしそればかりではなく、この時期の欲動論における対象は、さらに、(2)-2 あるいは (2)-3 をも含み得る。構造論的欲動論の到来によって、自我は単に

---

* フロイトは後に、空想の由来を系統発生に遡る試みを行っている（Freud, 1987）。系統発生過程由来の情報の蓄積はここでいう記憶とは異なるが、広い意味では記憶に含まれると言えるだろう。

欲動の上部に覆いかぶさっている機関であるのみならず，同一化を含む高度な機能を持つ心的機関となった。さらに自我の一部は，超自我という別の独立した心的機関となった。超自我の発生に関しては，フロイト以後の精神分析家はさまざまな見解を提示してきたが（例えば，カーンバーグ Kernberg, O. F., 1976），フロイトの構造論的欲動論によれば，超自我は，エディプス期終盤の，欲動の影響下における父親的対象の同一化の産物である。その意味で，構造論的欲動論における対象もまた，機械的欲動論の場合と同様，欲動によって規定されている。しかし，自我の中に超自我領域の分割を見出し，さらに超自我の由来を外的対象の同一化による取り込みとしたことにより，対象は内的対象として自我内に保持されることが可能になり，さらに，自我の一部であるという性質から，そのような内的対象にはさまざまなレベルの心的機能，通常自我に帰される機能が付与され得ることになった。付与される自我由来の機能レベルはさまざまであり，同一化の程度が軽度である場合には自我機能を一部担った内的対象ということになり，また超自我のように同一化の程度が高度である場合は，十全な自我機能を担うことが可能な内的対象になる。自我機能を一部担った内的対象の場合と超自我の場合とで異なる点は，自我由来の機能が行使された場合，前者ではあたかも自分の外部で機能が行使されている感覚が生じ得るのに対し，後者では，自我そのものによって行使されているという主観的感覚，自分がそうしている，という感覚を生じる点である。これは，内的対象がどの程度自我にとって「異物」であるという感覚を生じるかによる違いである。

　さて，(2) では，(2)-1，(2)-2，(2)-3 の順に，対象は自我に深く取り入れられていく。(2)-1 とは異なり，(2)-2，(2)-3 では，対象は自我由来の機能を身に着け，まるで「人」であるかのように振る舞うことができるようになる。

　(2)-1，(2)-2，(2)-3 の区別は臨床的かつ理論的に重要である。表象あるいは空想としての対象と，自我機能を持った対象あるいはその行き着く先である超自我のような心的機関を一緒にすることには理論的に大きな問題がある。なぜならば，表象あるいは空想とは「考え」であって，自我機能の対象だからであり，自我機能そのものではない。発達論的にも，外的対象に高度に同一化した超自我のような内的対象と「考え」を厳密に区別する必要があ

る。

　そして臨床的には，「考え」と自我機能を持った対象とを区別することは解釈の可能性を決定する上で重要である。(2)-1すなわち「考え」は，対人関係的な（インターパーソナルな）操作を伴わずに，あるいは他の言葉でいえば二者的な状況によらずに，一者的状況でも扱うことが可能である。このような状況は，どの病理レベルの患者でも起こり得るが，特に神経症水準の患者において多く見られる。なぜなら，そこでは「考え」が「考え」として語られているからである。これに対して，ボーダーライン水準の患者あるいは精神病水準の患者では，「考え」はしばしば行動として表現され，生の情動のままに留まり，言語化されることがない。

　(2)-2は，自我機能を一部担った内的対象として，ボーダーライン水準の患者の治療において比較的速やかに賦活されてくる対象関係を構成する。このような内的対象関係は，同一化がある程度達成されているものの，まだ心的機関と呼べるほどではなく，しかし機能をある程度付与されているために，あたかもこころの中に別の生き物が寄生あるいは憑依しているかのようである。機能を担った内的対象，あるいは外的対象に同一化した内的対象は，自我の一部，あるいは自我の機能が一部付与された対象である。

　オグデン Ogden, T. H.（1983）は，内的対象概念を扱った重要な論文の中で，これを，「半ば自律的な心的機関 semiautonomous agencies」と呼んでいる。人のこころの中に，何人かの，機能を持って考えることのできる対象が寄生しているという考え方は，まるで心が悪魔にのっとられているような印象を与えるため，すべての分析家によって受け入れられるものではなかった。このような悪魔学 demonology 批判は，対象関係論に対する中心的批判の一つだった。オグデンの苦心は，悪魔学のように聞こえかねない着想を，より多くの精神分析家・精神療法家に受け入れやすくすることであった。そのオグデンの試みは，相当程度成功している。

　(2)-3のように外的対象に高度に同一化した対象は，容易には象徴的コミュニケーションの素材にはならない。臨床的観察対象にはすぐにはならないのである。深く自分の一部になってしまっている対象，例えば超自我が臨床的に扱えるようになるためには，したがって，長い時間をかけた分析のプロセスとその結果生じる転移を通して扱うことが必要になる。臨床的に，神経

症水準の患者では転移は緩徐に発展することが知られているが，それは，同一化の程度が高度であるため，転移として外在化されるまでにより長い時間が必要であるためである．

　(1)，(2)-1，(2)-2，(2)-3 という分類と，神経症水準，ボーダーライン水準，精神病水準という臨床的分類の対応については，一概に図式化しにくいものの，ある程度の対応関係はあると思われる．神経症水準においては，対象は，表層的には (2)-1 で，深層では (2)-3 である．ボーダーライン水準の場合は，上述のように，対象は主に (2)-2 に分類される．複雑なのは，精神病水準の場合である．精神病水準の場合，自我の重篤な障害のために，内界と外界の区別，あるいは内界内部での区別自体が障害されていると考えられる．この水準における対象は，同一化の程度の未熟さという観点からは主に (2)-2 であるが，内界と外界の混乱，および内界内部の混乱によって，(1) と (2) の区別そのもの，さらには (2) 内部の区別が曖昧になっていると考えられる．それは，外的対象と内的対象の区別の困難，自己と対象の区別の困難として臨床的に現れるだろう．

臨床的含意

　以上の議論から，臨床的にはどのようなことが言えるだろうか．以下にそれについて考察を進める．

　これまでの議論の臨床的含意として，主に二つの問題が考えられる．一つは解釈のレベルの問題，もう一つは葛藤の両面性の理解の問題である．

　解釈のレベルとは，表象レベルでの解釈を行うのか，あるいは転移レベルの解釈を行うのか，ということである．解釈のレベルに関する臨床的問題として，患者が表象レベルのことを語っているのにそれを過剰に転移状況として解釈したり，逆に，患者が行動として治療者に対する転移感情を表現している時に表象レベルの解釈をしてしまう，という問題が考えられる．これは，患者の病理の深さを一様に考えてしまうことと言い換えることもできるだろう．

　葛藤の両面性の理解とは，言い換えれば，葛藤が起こり得る心的概念単位の間において葛藤を解釈することである．ここで心的概念単位とは，表象あ

るいは空想のような「考え」，対人間関係的なプロセス，などの単位の意味である。葛藤が起こりえない心的概念単位の間で葛藤を解釈してしまうということは，臨床的には必ずしも間違いではないのかもしれないが，葛藤を正確に理解し，解釈していることにはならない。逆に，このような問題性を認識していれば，葛藤が起こり得る対立概念を発想するのが容易になるという利点もある。例えば，対人間関係的なプロセスを巻き込んで外的に表出されているような内的関係性を一つ同定したならば，それがどのような，同じレベルのプロセスと葛藤関係にあるのかを探索することが必要になる。対人間関係的なプロセスと，単なるアイデアは，厳密な意味では葛藤とはならないからである。例えばそれは，あなたの父親と，方程式の問題と，どちらが「難しい」かを問うようなものである。われわれは，超自我のように高度に組織化された心的機関と，単なる考えを区別しなければならない。

　逆に，自我機能を持った対象を単なる表象であると誤解することは，解釈を与えれば聞いてもらえるのか，あるいは解釈を与えるという行為そのものが問題になっているのか，ということについての考察を怠ってしまうことと関係がある。

　次に，以上の論点を，いくつかの短い臨床ヴィニェットを用いてさらに考察する。

臨床ヴィニェット1：
　ある神経症水準の男性患者の父親は，金銭面で非常にだらしないところがあったため，患者の思春期から青年期にかけて，患者および患者の母親と妹に対して多大な金銭的・社会的迷惑をかけた。後に患者は，不安と抑うつ感を訴え精神療法を求めた。患者のパーソナリティには強迫的な傾向が窺えた。ある時期，患者は，仕事畑の違う同僚から，自分の仕事内容を馬鹿にされているように感じることについてしばしば話題にしていた。ある日の面接で，患者は，帰宅後その同僚から自分の仕事内容に関して酷いことを言われている場面を想像し，そしてさらに実際に言われている以上のことを言われている場面を付け加え，ますます憤っている，と報告した。同時に，家に泥棒が入って来るところを想像しその泥棒を激しく攻撃したり，電車の中でマナーの悪い人を散々非難するという場面を想像するとも報告した。

この例においては，対象との間に実際の関係性は存在するものの，対象を巡る情動は，主に表象および空想レベルで扱われている。同僚とのやり取りに関連して賦活されている表象レベルでの対象関係は，一つは，攻撃的な同僚とその攻撃に激しく憤る自分という対である。さらにそこには，自分で敢えて相手からの攻撃を増幅するというマゾヒスティックな側面も描かれている。泥棒や電車の中の空想においては，侵襲的存在に侵襲されるシーンを思い描き，それに対して激しく攻撃を加えるというサド・マゾヒスティックな対象関係が描かれている。これらの対象関係は，比較的原始的な対象関係ではあるが，患者はそれを表象および空想レベルに留めて考えている。したがって，この症例は，上記の分類の (2)-1 の例として考えることができる。臨床的には，犠牲者としての自己表象と攻撃者としての他者表象というサド・マゾヒスティックな対象関係を同定・解釈した上で，もう一方に，そのような対象関係の反転，すなわち，攻撃者としての自己表象と犠牲者としての他者表象という対象関係が存在し，さらにこれらの二つの対象関係の間に葛藤が存在することを解釈することが必要であろう。

臨床ヴィニェット 2：
　高レベル・ボーダーライン水準のある男性患者の父親は，社会的には成功していたが，個人的関係性を持ちにくい人物だった。患者は父親との間に物理的および心理的距離を感じながら育った。患者は多大な力を持つ存在として父親を理想化しつつ，一方自分を見下す過酷な存在としても父親を見ていた。精神療法開始後，患者は会社のある上司に対して非常に批判的な態度を取り出した。その批判は論理的で的確であるように聞こえたため，その批判がどのように患者の内的世界と関係しているのかが私には一見分かりにくかった。一方面接室では，患者は私の解釈に対して比較的受容的な態度を取り続けた。会社における上司への態度と，面接室での私への対照的な態度が私の注目を惹いた。
　この状況は，過酷な批判者という機能を担った対象関係が治療開始によって速やかに賦活され，外的な関係性へと外在化されたものと理解された。したがってこの症例は，上記の分類の，(2)-2 の例である。臨床的には，患者の上司に対する態度と私に対する態度は，もともと同一の対象に対する両価

的情動がスプリットされて，一方は上司に対して，他方は私に対しての態度として表現されていることを解釈しなければならない。このような対象関係のスプリッティングを系統的に解釈していくことによって，患者の中の父親的人物に対する両価的感情が表象レベルで思考され得るようになることがこの段階における目標となる。

臨床ヴィネット3：
臨床ヴィネット2の患者は，その後の治療において長い間私を，基本的に良性の関心を向けているが決して近くはない存在と見なし続けていた。これは，良性の，しかし一面的で一方向的な自己愛的転移を表していると考えられた。一方，過酷で批判的な父親像は主に外部にスプリット・オフされていた。その後患者は，彼に対する私の期待を感じることができない，と不満を漏らし続けた。しかしその後，患者は昇進の機会を受け入れて転勤するかどうかを巡って私と話し合いを続けているうちに，私と自分の関係が自分が思っているよりも複雑なものであることに徐々に気づいていった。患者にとって私が容易に取り替え可能ではないことに気づくと，患者が治療を終結することは何の意味も持たないことではなく，私にとっても何らかの個人的意味があり得ることについて患者は思いを巡らせるようになった。すると，患者にとって私は，容易に取り替えることのできない頼れる相談相手でもあり，仕事の達成を巡っての競争相手でもあり，さらには，関係が終了することについての悲しみを共有できるような存在に変わっていった。

この状況においては，私は以前よりもずっと複雑な対象となっている。私は，患者の情動の単なるコンテイナーであったり，自己愛的な意味しか持たない自己対象であるだけではなく，別個の存在であり，価値を示し競争し合うこともでき，さらには，その不在を嘆き悲しむことのできるような存在となっている。このように複雑な，両価的な転移関係は，原始的超自我のような，自我機能を一部担った内的対象，というよりも，より成熟した超自我ともいうべき，外的対象に高度に同一化した内的対象が賦活されている場合に見られるものである。したがって，この例は，上記の分類の(2)-3の場合ということになる。臨床的には，神経症水準の葛藤の解釈が必要だろう。例えば，昇進・成功の喜びと，私からの情緒的支持を失う不安の間の葛藤の解釈

などである。

対象概念の多重化

　以上，フロイトおよびそれ以降の精神分析における対象概念を整理し，臨床例を通して考察した。本章を終えるにあたり，最後に，対象概念の研究の今後の方向性の一つを提示したい。

　フロイト以降の精神分析理論が対象概念について行ってきたことは，一つには，内的対象の概念をフロイトの超自我概念から拡張することであり，もう一つには，対象を規定する欲動以外の要因，経験的要因の研究である。

　転移されるものが，オグデンが言っているように半ば自律的な心的機関であるならば，それは，分析状況において自律的な心的機関を複数同時に扱うことを意味する。対象関係論で言われているところの内的対象関係とその外在化，および関係論で言われているところの多重の自己論あるいはエナクトメント論*は，分析状況におけるそのような，多重性を共有している。対象関係論が論じているところの投影同一化のプロセスと，関係論が論じているところのエナクトメント論が現象的に類似しているのは，それらが共に，こころの多重性の臨床的在り方であるからだろう。

　われわれは，そのような多重化が起こる原因について考えなければならない。大まかに言って，多重化の原因は，内在的要因である場合と経験的要因

＊　近年，精神分析の議論において，特に関係学派の議論において，自己の多重性，エナクトメントの臨床的意義についての議論が活発である（Stern, 2010）。自己を単一のものと考え，その単一自己内の下位部分の間に葛藤が生じると考えるのが精神分析の古典的考え方であるが，関係論は，そうではなく，自己をあらかじめ多重のものと考え，さまざまな自己-状態間に葛藤が生じるという考え方を提示している。そのように考えると，葛藤を精神内界のものとして感じられるということは所与の能力ではなく，多重の自己-状態を自己の中に認めることの達成によって初めて可能になることである。エナクトメントは，そのように葛藤が精神内界的に体験される以前に生じる臨床的事態である。エナクトメントは，従来治療者の逆転移の行動化というようなネガティヴな意味を付与されてきたが，関係論的理解によれば，それは，さまざまな自己-状態の中でも特に耐え難い自己-状態が対人関係的に外在化されるという事象一般のことであり，必ずしも治療者のみに起こることでもないし，必ずしもネガティヴな意味を持つものでもない。それは，耐え難い特性を持つ自己-状態が，精神内界のものとして扱うことができるようになる以前に，臨床場面に具象的に展開される事態であり，治療契機ともなり得る。第9章（p.138）の脚注も参照のこと。

である場合の両方があり得る。後者の,経験的要因の可能性は,フロイトがおそらく充分気づきながらも推し進めなかった可能性である。しかし,望むと望まざると,われわれは常に新しい対人関係を患者に提供しているのであり,経験的要因というものは分析の作業を離れることはない。今後の精神分析において重要なことの一つは,このように,自己の多重性について,内在論的観点および経験論的観点の双方から考察し,対象概念をさらに洗練させていくことだろう。

文 献

Freud, S. (First German edition : 1900). *The Interpretation of Dreams. The Standard Edition IV & V*. London : Hogarth Press.

Freud S. (First German edition : 1905). *Three Essays on Sexuality. The Standard Edition VII*. London : Hogarth Press, pp. 125-243.

Freud, S. (First German edition : 1914). On narcissism : An introduction. *The Standard Edition XIV*. London : Hogarth Press, pp. 67-102.

Freud, S. (First German edition : 1915). Instincts and their vicissitudes. *The Standard Edition XIV*. London : Hogarth Press, pp. 109-140.

Freud S. (First German edition : 1917). Mourning and melancholia. *The Standard Edition XIV*. London : Hogarth Press, pp. 237-258.

Freud, S. (First German edition : 1926). *Inhibitions, Symptoms and Anxiety. The Standard Edition XX*. London : Hogarth Press, pp. 75-176.

Freud, S. (1987). *A Phylogenetic Fantasy : Overview of the Transference Neuroses*. Belknap Press.

Greenberg, J. R. (1991). *Oedipus and Beyond : A Clinical Theory*. Massachusetts : Harvard University Press.

Greenberg, J. R. & Mitchell, S. A. (1983). *Object Relations in Psychoanalytic Theory*. Massachusetts : Harvard University Press. 横井公一(監訳)(2004). 精神分析理論の展開——欲動から関係へ. ミネルヴァ書房.

Kernberg, O. F. (1976). *Object-Relations Theory and Clinical Psychoanalysis*. New Jersey : Jason Aronson.

Ogden, T. H. (1983). The concept of internal object relations. *International Journal of Psycho-Analysis*, **64**, 227-241.

Stern, D. B. (2010). *Partners in Thought : Working with Unformulated Experience, Dissociation, and Enactment*. New York : Routledge.

第5章
精神分析における時間性についての存在論的考察

精神分析と時間性

　精神分析の臨床的議論には，さまざまな形で，時間性を巡る考察が不可欠である。分析的仕事を特徴づける治療構造は，時間の厳密な設定によって特徴づけられている。また，患者が分析的治療の間に報告する内容は，過去の想起であれ，今-ここでの相互交流に関する感情であれ，今後のことを巡る期待，空想，あるいは不安であれ，時間性という要素なしに考えることはできない。精神分析治療における一つの技法的要である転移現象もまた，時間性の問題と密接に関連している。すなわち，精神分析は，こころの内容の理解とその病理の治療の両方において，時間性の議論なしには成り立たない。

　これまで多くの精神分析家が，さまざまな観点から分析作業における時間性の問題について優れた論考を提示してきた。本章では，そのような観点の一つとしてハイデガーの時間論を参照する。そして精神分析におけるさまざまな時間性のあり方について論じる。そして，ハイデガーの存在論的時間論の観点から見て，それらが，主に二つの方向性に分けられることを導く。その上で，それらを比較検討することを目標とする。なお，本章では「時間性」という言葉は主として時間経験のあり方の意味で用い，時間そのものを表す「時間」という言葉と区別して用いる。ただ，両者の意味が混在していることもあるため，これらの用法の区別が常に保証されるわけではないことを了解されたい。

精神分析における時間性の存在的な理解

　精神分析における時間性を巡る議論の中心の一つは，時間性の変化あるいは無時間性をどのように理解するかに関するものである。この問題に関連して，フランスの精神分析家グリーン Green, A.（2005, 2007, 2008）は，精神分析における時間性の二つのモデルについて論じている。フロイトは周知のように，精神分析のモデルとして最初に局所モデルを提示した。グリーンがまとめるところによれば，フロイトの局所モデルにおいては，無意識は諸表象から成り立ち（Freud, 1915），しかしその中の一つ一つの表象の時間性について無意識は知ることがなく（無意識による「時間の無知 the ignorance of time」（Green, 2007）），さまざまな時間性が混淆した状態になっている。ある一つの表象の時間性とは，その表象の属性の一部としての時間性，言い換えれば，その表象の時間的由来のことである。無意識という場では，さまざまな時間性を属性の一部とする諸表象が，時間性に関して系統的に整理されることなしに存在している。その結果，時間的に後に生起した事象が，それ以前に生起した事象に影響する事後性 Nachträglichkeit などの時間性の混淆が容易に起こることになる。フロイトの局所モデルにおける無時間性，さらにはそれから派生する時間に関しての病理的事態は，このような意味での混淆の結果であると理解することができる。

　フロイトはその後，諸表象から構成されるものとしての無意識という考え方を捨てることになった，とグリーンは続ける。フロイトは，構造モデルを導入した『自我とイド』（Freud, 1923）において，諸表象への参照を含まない本能的衝動としてのイドを考え，それに伴って時間性についての理解を変えた，とグリーンは考察する（Green, 2007）。

　局所モデル的な無時間性は，力動的に作られるというよりも，静的に既にそこにあるものである。それは，時間性が属する無意識の諸表象が，それ自体静的なものとして描かれているのと同様である。意識される諸表象は，各々が時間的属性を持つ。言い換えるならば，一つの表象を意識的に想起すると，それが何時の表象であったかも同時に想起される。一方，無意識の諸表象の場合は，この表象と時間性の関連の秩序が保証されない。すなわち，

第5章　精神分析における時間性についての存在論的考察

一つの表象に複数の時間性が属する事態，事実と異なる時間性が属する事態，あるいはどの時間性も属さない事態が起こり得る。無意識において因果関係が成り立たないのは，このような時間性の混淆のためである。しかしこの混乱は，何者かによって掻き乱された結果というよりも，表象が成立したときに既にそこにあったものである。その意味で，局所モデル的な無時間性は静的である。

　一方，構造モデルにおける無時間性には，イドの運動的要素が関与していることをグリーンは論じる。構造モデルにおいては，無時間性は，イド由来の反復強迫による「時間の殺害 the murder of time」(Green, 2007) の結果としてもたらされると述べている。イド由来の反復強迫とは，イドの衝動の高さが，その記憶としての表象化を妨げ，行動化を通して自らを具象的に排出することが繰り返される事態である。その結果起こる「時間の殺害」とは，局所モデル的な静的な無時間性とは異なり，イドの運動的力の作用の結果として表象化が延々と阻害される結果としての無時間性のことである。ここでは，時間性は混淆の結果として無時間的になるのではなく，同じことが反復されるために時間経過の作用を見ることができないという意味で無時間的である。

　グリーンの時間概念の把握の仕方を共有する精神分析家は他の学派にも見られる。例えば，対象関係論的自我心理学のオリエンテーションを持つ米国の精神分析家であるカーンバーグ Kernberg, O. F.（2008）は，グリーンの論述を一部参照しながら，病的自己愛における時間性の問題を臨床的に論じている。カーンバーグは時間を，測定単位によって直線的に把握可能な客観的時間と，時間経過の主観的経験としての主観的時間とに分け，主観的時間を客観的時間の派生物として理解している。そして病的時間性を，客観的時間の派生物たる主観的時間の経験の変化として理解している。

　カーンバーグは時間性の変化の例として二つの場合を挙げている。一つは外傷体験の場合であり，もう一つは病的自己愛の場合である。前者では，外傷体験のフラッシュバックが繰り返されることにより，外傷時点への固着が起こる。それによって時間は停止したように感じられ，外傷体験の時点での時間が延長して経験される。それと並行して，外傷体験以後の時間は相対的に短く経験される。したがって，外傷体験がまるで昨日のことのように感じ

られる。一方，病的自己愛における時間性の歪曲は反対の方向性を持つ。病的自己愛者は，激しい羨望に対する防衛として対象を脱価値化し続けるために，内的にも外的にも貧弱な関係性を生き続ける。その結果，内的な時間性も同時に貧困化していくために，過去にまるで何も起こらなかったという感覚が生じる。このような感覚が未来に投影された場合，過去と同様，未来においても何も起こらないという感覚が生じ，それは残された時間が短いという感覚につながる。時間性は，過去においても未来においても主観的に短縮してしまう。このことをカーンバーグは，「自己愛者における時間の破壊 the destruction of time in pathological narcissism」と呼んでいる。カーンバーグによれば，このような時間性の病理を抱えた自己愛的患者は，40代以降になって「目覚め waking up」，これまでの失われてしまった時間の感覚を嘆く。

　以上，フロイト以降の精神分析における時間性の理解の一方向として，グリーンとカーンバーグの考えを論じた。彼ら二人に共通しているのは，客観的で，実在するものとしての時間の理解，実在論的な時間の理解である。ハイデガー Heidegger, M.（1927）の言い方に倣えば，それは存在論的 ontologisch な理解ではなく，存在的 ontisch な理解である。実在物として，時間は殺害され，破壊され得る。そしてそのような事態が病理的時間性という事態であると理解されている。

　このことを踏まえた上で，われわれには次のような問いが突き付けられる。精神分析において，彼らのような方法で時間性を理解する以外の概念的枠組みはあるのだろうか。その可能性を考察するために，次に，ハイデガーの時間論を参照しながら，精神分析における時間性のあり方についてさらに考察を進める。

精神分析におけるもう一つの時間性：
存在的時間性から存在論的時間性へ

ハイデガーの時間論：時間の存在論的な把握

　グリーンやカーンバーグのような時間性の把握の仕方は，時間の存在論的考察を行ったハイデガーの考えに基づくならばどのように理解され得るのだ

第 5 章　精神分析における時間性についての存在論的考察

ろうか。

　グリーンやカーンバーグのように理解された時間性は，ハイデガーによって非本来的時間性 uneigentliche Zeitlichkeit/inauthentic temporality と呼ばれたものに類している。すなわち，通俗的・日常的な，均質で無限に続く，直線として／直線上に示される時間性である。

　これと対照的なものとして，存在論的 ontologisch な時間性の把握の仕方，本来的時間性 eigentliche Zeitlichkeit がある（Heidegger, 1927）。ハイデガーは，「人間がいなかった時というものはない。それは人間が永遠このかた永遠にわたってあるからではなく，むしろ時間は永遠ではないから，時間は人間的-歴史的現存在としてそのつど或る一時時熟するのみだからである」（Heidegger, 1953, p. 143. 訳書中の頁）と述べている。ここには，時間というものは人間の存在に先行してあるのではなく，時間というものはそもそも人間（現存在）によって作られるものであるという見方が示されている。その人間の存在が永遠ではないのならば，時間もまた永遠ではなく，人間のあり方に依拠している。そのあり方とは，ハイデガーによれば，「時熟」することである。ここでの時熟という言葉は，sich zeitigen の訳である。すなわち，自ら sich を時間化する zeitigen，あるいは時間として示す，ということである。この，自らを時間として示すということが如何なることなのかについて，ハイデガーは「脱自 Ekstase」という概念を用いて説明している。ハイデガーによると，過去，現在，未来* は，時間性の脱自 Ekstase として理解される。すなわち，「時間性は，根源的な『自らの外へと脱け出ること *Außer-sich*』それ自体」（Heidegger, 1927, p. 329, 原書中の頁，訳書を元に拙訳，傍点は原著者）であり，このように根源的な *Außer-sich* という運動性である時間性は，過去，現在，未来という時間契機の三次元性を持つ。これら三つの時間契機を，ハイデガーは脱自 Ekstase と呼んでいるが，これらは，常に自らの外へと向かおうとする運動性を孕んでおり，時間性とは，

---

*　本章では，三つの時間態を表す言葉として，一般的な言葉である，未来，過去，現在，を用いた。しかし，本来的時間性，非本来的時間性の違いを表すために，これら一般的な言葉の代わりに，別の言葉を用いる場合もあり，その方がより正確である。例えば，本来的時間性には，先駆―反復―瞬間，を，非本来的時間性には期待―忘却―現前，を用いるといったように，である（木田，2000）。本章中でも，訳書を引用する際，過去の代わりに既在，未来の代わりに到来という言葉も用いている。

そのような脱自の統一性にその本質がある，とする。ハイデガーは「到来は既在性よりも以後にあるのではなく，既在性は現在よりも以前にあるのではない」(Heidegger, 1927, p. 350. 原書中の頁，傍点は原著者) と続け，脱自という概念を通して，過去，現在，未来が，あたかも直線上にばらばらに存在しているのではなく，統一体を形成していることを論じている。このように，ハイデガーの存在論的時間論は，時間が客観的に直線的に存在するとするグリーンやカーンバーグの考え方とは対照的である。

　ハイデガーと精神分析：レーワルドとストロロウを通して
　ハイデガーの精神分析への影響は決して少なくない。しかし，ハイデガーの仕事が精神分析家によって直接的に言及されることはあまりない。それはむしろ，一部の精神分析家による咀嚼を介して，分析的治療者に間接的に影響を与え続けていると言えよう (Loewald, 1962, 1972 ; Bass, 2006 ; Stolorow, 2007)。ここでは，ハイデガーの時間性の捉え方の影響を受けている精神分析家として，レーワルド Loewald, H. W. とストロロウ Stolorow, R. D. を取り上げ，彼らの仕事を通してハイデガーの時間論が精神分析における時間論に与える影響を考察する。

1) レーワルドの時間論：アクティヴなモードとしての時間
　レーワルドはもともと哲学を専攻し，ハイデガーに師事した後に精神分析を修めた精神分析家である。レーワルドは，その後のハイデガーのナチズムへの関与に落胆し，以降彼はハイデガーから距離を取ることになった。哲学を修めた後に精神分析を学んだ精神分析家のバス Bass, A. は，レーワルドの論文の中にハイデガーの名を見ることはほぼ皆無であるものの，訓練された目をもってすれば，直接的に言及されずとも，レーワルドの仕事にハイデガーの影響を見ることができると述べている (Bass, 2000, p. 288)。
　レーワルドは，治療作用などの精神分析の基本概念について，古典的精神分析用語を用いつつ関係論的観点をも含む革新的な考察を展開したことで広く知られている精神分析家である (Mitchell, 2000, pp. 47-53)。レーワルドは精神分析における時間性について論じている (Loewald, 1962, 1972)。レーワルドは，「観察された持続としての時間，記録し，測定することのでき

る，いわゆる客観的時間」（Loewald, 1972, p. 143）は，精神分析的探究には不向きであると述べる。そしてそのような客観的時間に対するものとして，レーワルドは，「アクティヴなモード」（ibid；p. 140）としての時間性，「過去，現在，そして未来とわれわれが呼ぶものがネクサスに織り込まれていくような連結のアクティヴィティとしての時間」（ibid；p. 143），「精神生活のアクティヴなモードとしての，過去，現在，そして未来の間の相互的関係という観点から考えるような時間概念」（ibid；p. 140）を提唱している。ここでは，過去，現在，そして未来とは，一連の流れとしてではなく，互いに形成しあう時間の様式として捉えられており，これらの時間の様式は，そのような連結作用を通して一つのネクサス，結びつきに織り込まれて行くものとして説明されている。

　レーワルドは時間性を，静的で所与のものではなく，形成され続けていく活動的なものであると考える。レーワルドは，このような時間性の特徴を，アクティヴという言葉で表現している。ここで論じている時間性のアクティヴィティという性質は，グリーンの論じたイドの運動性とは区別される。なぜならば，前者は生成的・統合的という特徴を持つのに対して，後者は，破壊的・衝動的なエネルギーの単なる放出として特徴付けられるものだからである。このレーワルドの論点には，時間性が脱自的に統一されていることを論じたハイデガーの時間論の影響を色濃く見ることができる。

　このような時間性の理解を基に，レーワルドは精神分析における時間性について以下の二つのことを論じている。一つは，時間性と，イド-自我-超自我という心的構造の関係に関する考察である（Loewald, 1962）。レーワルドは，心的構造は通常空間的概念として理解される傾向があるが，そうではなく，時間的概念として理解されるべきであることを論じている。繰り返しになるが，ここでの時間性とは，客観的な，直線的な時間性のことではなく，アクティヴなモードとしての時間性である。

　レーワルドは，このアクティヴなモードとしての時間性において，イドは過去に関係していると述べている。レーワルドはその理由を詳述していないが，それはイドが，生来的に機能しているという意味での既在性を有するためであろう。一方，超自我は未来に関係している，とレーワルドは論じる。超自我は，内的な理想，処罰の可能性を自我に示す役割を果たすが，それは

換言すれば，超自我は自我に対して達すべき未来を示すということである。したがって，超自我は「内的な未来」(ibid；p. 46）である。レーワルドは，「自我は精神的現在という時間のモードに特に重要な関係を持つ」(ibid；p. 46) と述べ，イドが過去，超自我が未来に関係するように，自我が現在に関係するという考えを展開している。レーワルドはその関係の性質にまでは言及していないが，ここでは，ある種の志向性のこととして理解しておく。実際，自我はイドと超自我の間の調整役であり，さらに知覚や表象機能を司り，外的現実と密接な関係を持っているからである。このように，イド-自我-超自我を時間的な観点から捉えるという発想は，フロイト (1900) がヒントを示しているものの，レーワルドによって深められた発想である。

　レーワルドはまた，極端な時間性の経験に関する興味深い考察も行っている。一つは永遠という経験に関するものであり，もう一つは，永遠の反対のものとして，時間の断片化という経験に関するものである。レーワルドは，永遠の経験とは通俗的に理解されているような永遠の持続のことではない，と論じる。そうではなく，永遠とは不変の一瞬のことである，と述べる。すなわち永遠とは，何かが，例えばある体験が未来永劫持続的に保持されるということではなく，そのような持続性というものがそもそも存在していない状態のことである。そこでは，過去，現在，未来という時間のモードの間の垣根が取り去られ，渾然一体と化した，変わることのない瞬間があるのみである。一方，時間の断片化の経験においては，時間の各モードの間の連結は破壊され，一つ一つの瞬間が，空虚な，無の如きものとなってしまう。レーワルドは，そのような時間の断片化の経験は，疎外，離人症，現実感喪失と近似であると述べている。

　永遠の経験，そして時間の断片化の経験は，それでは一体何によってもたらされるのか。先に論じた，イド-自我-超自我の心的構造論と過去・現在・未来の時間契機の対応関係という発想は，時間経験の変容が特定の心的構造の持つ性質によってもたらされるという説明には馴染まない。レーワルドの論じている時間性の変容は，グリーン-カーンバーグ的な説明，すなわち，イド由来の力による反復強迫によって「時間の殺害」が起こるというような理解とは異なる説明を要する。グリーン-カーンバーグは，既に直線的に確立された時間性が内的に変容を被ることを論じているのに対して，レーワル

ドは，時間性の確立そのものが直接影響を受けることに，時間性の変容のメカニズムを求めているからである。

　永遠と時間の断片化という二つの経験は，時間の分節化傾向という観点から理解することができる。すなわち，過去・現在・未来という時間契機の分節化を正常と考え，分節化傾向の欠如による時間の融合を永遠として，さらに，分節化傾向の過剰による時間の過度の分節化を時間の断片化として理解することができよう。

　レーワルドが述べている時間性の変容についてさらに考察するために，ここで断片化という概念に着目してみたい。断片化 fragmentation という言葉は，精神分析においては，コフート Kohut, H. による自己の断片化論において広く知られるところである。その自己心理学においてコフートは，本来肝要であるところの自己対象経験の不在に際し，自己が，いわば環境反応的に断片化すると論じた。外的要因・外傷による自己体験の変容である。レーワルドは時間の断片化を論じているが，自己の断片化や外傷論には直接触れていない。だが，レーワルドの時間性に関する論点を，コフートが自己に関して行ったように外傷論に関連させて考察することもできる。次にストロロウが精神分析における時間論について論じていることを見ていくが，それはレーワルドによって言及されることのなかった外傷論と時間性の問題がストロロウらによって深められていると考えるからである。

2) ストロロウの時間論：時間性と外傷

　精神分析においてハイデガー的な時間論に言及している精神分析家としてレーワルドを挙げたが，同じくハイデガーの時間論に言及する分析的考察はストロロウによっても行われている。ストロロウは，精神分析における間主観的なコンテクスト主義＊を確立したことで広く知られている精神分析家であり，学派的には，コフートによって確立された自己心理学の流れを汲む。

＊　間主観性概念の精神分析的意味とその哲学的基盤を論じた論文で，フリー Frie とレイス Reis は，フッサール的な間主観性概念を参照しつつも，ストロロウが間主観性という言葉で意味しているのはそれと同じではないことを論じている（Frie and Reis, 2001）。ストロロウは，われわれの知覚と自己経験が常に他者との関係性に埋め込まれていることに注意を向けることを目指しており，主観性を徹底してコンテクスト化されたものとして見なす。フッサールの超越論的自我は否定されている。

ストロロウは，自我心理学の流れを汲んでいるレーワルドとは学派的結びつきを直接は持たないが，レーワルド同様，精神分析における時間性の問題についてハイデガーを参照している。さらに，前述したようにレーワルドが突き詰めることをしなかった時間の断片化，時間性と外傷の関係についての論をも展開している。

　ストロロウは，精神分析における時間論を，自分自身の外傷体験を参照しながら論じていく（Stolorow, 2007）。ストロロウは，長年連れ添い，重い病を患った妻が，ある朝目覚めると同じベッドの中で息を引き取っていた，という悲劇に見舞われる。その後，彼は自分の中での時間性の崩壊を身をもって体験する。彼は，外傷体験を持つ者と持たない者の間に超えられない溝を感じつつ，傷ついた者の世界において孤独に外傷時点の時間を反復するようになっていた。しかし，彼の悲嘆を表現し受容されるという間主観的コンテクストが与えられたとき，彼は再び豊かな時間性を取り戻した。

　ストロロウは，このような自らの体験，および同様の外傷体験を持つ患者の治療に関する豊富な臨床経験を論じる中で，ハイデガーに言及しつつ，精神分析における時間論について考察している。ハイデガーが論じた時間性の脱自的統一について前述したが，このような脱自性，すなわち時間性の三契機（過去・現在・未来）が自らの居所を出でる様は，ハイデガーにおいては，現存在にア・プリオリに備わっているものであって，他者を必要としないと考えられていた*。一方ストロロウは，現存在における時間の脱自性は，他者と相互に情緒的交流が可能な場所が存在すること，そして他者との間主観的コンテクストが形成されることから導かれると考えた。彼は，時間の脱自的統一性が脅かされる事態，情緒的外傷体験が壊滅的攪乱をもたらす事態について臨床例を挙げて論じている。そのような壊滅的攪乱に際しては，ハイデガーがア・プリオリであるとした時間の脱自的運動が起こらない。過去は現在となり，未来は単に現在の反復でしかなくなる。

　このような反復は，現象的には，グリーンがイドに帰したところの反復強迫に類似している。グリーンによれば，イドが突き上げてくることによっ

＊　周知のように，ハイデガーが他者性について深く論じていないことは，レヴィナス Levinas, E. らによってしばしば批判されているところである。

第5章 精神分析における時間性についての存在論的考察

て，前述したように時間性が否認・停止され，過去のことがあたかも現在のことであるかのように延々と繰り返され，未来とはそのさらなる反復として捉えられるに至るのであった。ストロロウが論じているような事態もまた，ある種の不毛な反復としての時間性である。そこにグリーンが論じた「時間の殺害」との現象的類似を見ることができる。

　しかし，ストロロウの考えている時間の間主観的な壊滅は，グリーンの論じている反復強迫としての「時間の殺害」とは，その誘因も過程もまったく異にしていることにわれわれは注目しなければならない。グリーンの「時間の殺害」においては，ア・プリオリに既に確立された時間性が，反復強迫によって二次的に停止される。しかしストロロウが論じているのは，時間性の本来的確立のために必要なコンテクスト（ストロロウのいうところの「間主観的コンテクスト」）の外傷による壊滅の危機である。そこでは本来的時間性が根源的にゆすぶられ，それが無意識的な間主観的コンテクストに深く依存していたことが図らずも露呈する。すなわち，本来的時間性が危機に陥るという事態を通して，時間が断片化した単位の単なるランダムな集積ではないことが明らかになる。過去，現在，未来という時間契機の三次元が脱自的運動性により統一されることは，ア・プリオリに与えられるものではなく，自己と他者との間主観的結びつきがあってこそのものであることが浮かび上がってくる。ストロロウは「この意味で，時間性を持たないのは無意識ではなく，外傷である」（Stolorow, 2007, p. 20）と述べている。

　グリーン-カーンバーグの論は，客観化可能な時間性が所与のものであり，それが内的破壊性によって乱される，という時間破壊の内的要因説である。一方，ストロロウの論は，情緒的外傷体験という間主観的なコンテクストの危機において時間性が根本的に変質するということであり，時間破壊の外的要因説である。イドによって時間性が破壊されるのではなく，外傷によって，存在論的無意識として内包されていた本来的時間性が暴露されるのである。

　ストロロウの論は，外傷体験が本来的時間性を端的に破壊してしまう可能性のみを論じる単純な悲観論と一見取れないこともない。しかしそうではないことに触れておきたい。外傷は確かに本来的時間を露呈し，その際に適切な間主観的コンテクストが与えられない場合，結果的に壊滅的なダメージを

75

与えるかもしれない。一方で，その際に，解離的な逃避，非本来性の形態への逃避を行わないことによって，本来性の中に留まり続けるという可能性もまたそこに生まれる。したがって，外傷体験とは危機であると同時に，重要な契機でもあり得る。

精神分析における存在論的時間論のさらなる射程

　精神分析における時間性理解には，存在論的時間性の観点から見て，グリーン-カーンバーグ的な客観的時間経験のあり方と，レーワルド-ストロロウ的な，存在論に影響を受けた時間性という二つの方向性があることを明らかにした。これら二つの時間性は必ずしも相互排他的ではなく，また両者の間の優劣を一概に論じることもできない。特に臨床においては，客観的時間性という考え方が有用なことも依然として多い。一方，その射程の広さという点では後者の考え方に利があると考えられる。

　近年精神分析において，特に，サリヴァン Sullivan, H. S. らによって展開された米国対人関係論と英国対象関係論の双方の影響を受けている精神分析学派である関係学派においてしばしば論じられている考え方の一つに，自己の多重性・非直線性がある。ハイデガーの現象学的思考は，自己の多重性という考え方とは容易には結び付かないが，彼らの思考もまた，レーワルド-ストロロウ的な時間概念と同様の時間理解を生み出している。そこで，この関係学派による時間論を最後に概観する。それをハイデガーの存在論的時間論に結び付けて理解するためには，まだまだ多くの作業が必要と思われるため，ここではその可能性を示唆するに留める。

　関係学派の精神分析家として知られるブロンバーグ Bromberg, P. M. は，非直線的な，多重の自己-状態 multiple self-states 論を唱えている分析家の一人である（Bromberg, 1996, 2006）。彼は，自己とは従来考えられてきたような単一的で直線的なものではなく，多重的で非直線的であると論じている。

　精神分析における時間性に関して，彼はストロロウと同じように，外傷体験による時間性の変容を論じている。ストロロウと同様，ブロンバーグは時間を客観的対象とみなす代わりに，他者との関係の質に規定され，依存し，

その結果変化するものとみなしている。ブロンバーグによれば，情緒的外傷はその他の自己部分に統合されない外傷的自己を生じる。自己は歴史の中に埋め込まれているのみならず，過去，現在，未来をつなげていく役割を果たすという意味において，歴史そのものである。したがって，自己が非直線化するとき，危機に陥る自己の非直線性に呼応して，時間経験もまた非直線化する。自己はそのようにして時間の中に失われてしまう。外傷体験についての以上のような理解を，さらに他者との経験一般について拡張することで，分析家という患者の外部・他者が，患者の時間性にもたらす影響について考察することができる。ブロンバーグはレーワルドを参照しながら，次のように述べている。

> 時間と意味の移ろい行く質〔過去から未来につながる一貫した時間性を持っているという感覚が変化し，関係性の質についての意味も変化する，ということ〕は，患者と精神分析家の双方における諸自己-状態のエナクトメントを反映している。そのような諸自己-状態は，患者の諸自己と精神分析家の諸自己との間に繰り広げられる関係の多重性を決めているものだが，ある瞬間に焦点があてられているのは，そのほんの一部に過ぎない。したがって私は，「人は，観察するものが明るみにし，記述することのできるような歴史を**持つ**〔非本来的時間性を生きる〕だけではない。むしろ彼は歴史**そのものであって**〔本来的時間性を生きるのであって〕，記憶の活動によって自分の歴史を作る。そこでは，過去-現在-未来は，相互に交流するような時間のモードとして作り出されるのである」と書いたレーワルド（Loewald, 1972）に同意する。(Bromberg, 1996, p.531.〔　〕内は引用者注）

ここでエナクトメント enactment とは，しばしばそれが実演として訳される事実にも表れているように，精神内界の現実世界への反映のことである。ここでブロンバーグが述べているのは，時間性は自己と他者との間の関係性に依存しており，その意味で，時間性は実在論的に理解されるべきものではなく，アクティヴに他者・外部との交流を通して作り出されていくものである，という視点である。この視点は，ハイデガーによる存在論的な時間性の理解の射程に収まるものだと言えよう。

興味深いのは，ブロンバーグが，非直線的な多重の自己は正常であっても存在するが，健康な場合にはそれが意識されない程度に統合されていると主観的に経験され，一方病理的な状態ではその多重性が解離として経験される，と考えていることである。このような発想は，ハイデガーの本来性の考え方を思い出させる。時間とは本質的に直線的なものではなく，直線的と主観的に感じられるのは，いわゆる精神の健康の上に成り立っているある種の錯覚であるということになる。

　ブロンバーグはさらに，解離されている自己-状態が治療の場に持ち込まれる事態は通常は治療の危機であると考えられているが，それは未統合の自己が治療の場に持ち込まれて治療者との間で関係化されるための契機であると続け，肯定的に捉えている。この議論は，本来的時間性の経験が，危機であると同時にある種の好機でもある，という前述の考え方と符号している。このように，ブロンバーグのような立場の精神分析家の時間把握にも，ハイデガーの存在論的時間性という考え方の影響を見ることが可能である。自己の多重性と存在論の関係についてはさらなる考察が必要であるが，関連性の可能性に留意しておくことは有用だろう。ハイデガーの時間論は実に幅広い射程を持っており，その考察を理解しておくことは，臨床家にとって大切なことであると思われる。

おわりに

　本章では，精神分析における時間性の理解のあり方を考察し，それらが主にグリーン-カーンバーグ的な考え方とレーワルド-ストロロウ的な考え方の二つに大きく分けられ，前者は直線的な客観主義的な時間論に，後者はハイデガーの脱自的伸張としての時間論にそれぞれ依拠していると理解できることを示した。さらに，時間性の病理に関して，内的要因説以外に，間主観的コンテクストの喪失による時間性の病理，すなわち時間破壊の外的要因説があることをストロロウの仕事を通して考察した。そして最後に，ブロンバーグの仕事の中に，ハイデガーの存在論的時間性のさらなる射程を見るという試みを行った。本章では，理論的考察に留め，臨床的議論は行わなかった。精神分析的営みは，臨床的経験なしに語ることは難しい。本章で論じたよう

な視点を,これからの臨床実践の中で生かし,臨床的議論を行っていくことが今後の課題であると考える。

文 献

Bass, A. (2000). *Difference and Disavowal : The Trauma of Eros.* California : Stanford University Press.
Bass, A. (2006). *Interpretation and Difference : The Strangeness of Care.* California : Stanford University Press.
Bromberg, P. M. (1996). Standing in the spaces : The multiplicity of self and the psychoanalytic relationship. *Contemporary Psychoanalysis,* **32**, 509-535.
Bromberg, P. M. (2006). *Awakening the Dreamer : Clinical Journeys.* New Jersey : Analytic Press.
Freud, S. (First German edition : 1900). *The Interpretation of Dreams. The Standard Edition IV.* London : Hogarth Press, p. 537.
Freud, S. (First German edition : 1915). The unconscious. *The Standard Edition XIV.* London : Hogarth Press, p. 201.
Freud, S. (First German edition : 1923). *The Ego and the Id. The Standard Edition XIX.* London : Hogarth Press.
Frie, R. & Reis, B. (2001). Understanding intersubjectivity : Psychoanalytic formulations and their philosophical underpinnings. *Contemporary Psychoanalysis,* **37**, 297-327.
Green, A. (2005). *Key Ideas for a Contemporary Psychoanalysis.* London : Routledge.
Green, A. (2007). From the ignorance of time to the murder of time : From the murder of time to the misrecognition of temporality in psychoanalysis. *Psychoanalysis in Europe,* **61**, 12-25.
Green, A. (2008). Freud's concept of temporality : Differences with current ideas. *International Journal of Psycho-Analysis,* **89**, 1029-1039.
Heidegger, M. (1927). *Sein und Zeit.* Tübingen : Max Niemeyer. 原 佑・渡辺二郎(訳)(1980).存在と時間.中央公論新社.
Heidegger, M. (1953). *Einführung in the Metaphysik.* Tübingen : Max Niemeyer. 川原栄峰(訳)(1994).形而上学入門.平凡社.
Kernberg, O. F. (2008). The destruction of time in pathological narcissism. *International Journal of Psycho-Analysis,* **89**, 299-312.
木田 元(2000).ハイデガー『存在と時間』の構築.岩波書店.
Loewald, H. W. (1962). Superego and time. In *The Essential Loewald : Collected Papers and Monographs.* Maryland : University Publishing Group, 2000.
Loewald, H. W. (1972). The experience of time. *Psychoanalytic Study of the Child,* **27**, 401-410. In *The Essential Loewald : Collected Papers and Monographs.* Maryland : University Publishing Group, 2000.

Mitchell, S. A. (2000). *Relationality: From Attachment to Intersubjectivity.* New Jersey: Analytic Press.
Stolorow, R. D. (2007). *Trauma and Human Existence: Autobiographical, Psychoanalytic, and Philosophical Reflections.* London: Routledge.

第 6 章
関係性と中立性
治療者の立つ所という問題をめぐって

関係性と中立性

　精神分析において，治療者は患者の内的世界および外的世界の双方でさまざまな関係性が繰り広げられる様を目の当たりにする。患者の内的世界，さらにその端的な現れとしての今−ここでの治療者と患者の関係性において，治療者は何処に自らを見出せばよいのだろうか。中立性の概念はこのような問いに対する答えの一つであり，これまでさまざまに議論されてきた。中立性概念の理解は，転移-逆転移現象の理解，治療作用論，こころのモデルなどのメタ心理学論などと深い関連があり，その議論は精神分析に関する最も重要な議論の一つである。

　本章では，自己破壊的な飲酒と虚言から更生していった 40 代男性の精神分析的治療の過程を提示する。患者は迫害的対象からなる過酷な内的世界を生きていたが，治療の過程において，患者の内的世界が徐々に治療の空間に展開した。その際，治療者が繰り返し考慮を迫られたのは，患者の内的・外的世界における自身の位置付けの問題であった。最初に事例を提示し，次にこの論点を中心に本事例を検討する。

事　　例

　40 代男性 A は仕事面では比較的成功していたが，治療に訪れる何年か前に前妻と別居（その後離婚）した頃より酒に依存するようになった。自暴自棄な生活に陥り，勤務態度もいい加減になり，経済的に破綻した。飲酒量も

増える一方だった。前妻との間の幼い一人娘がときどき訪問すると，娘を目の前にして自分が悪い父親であるとの思いに苛まされた。そんなとき，その思いを忘れようと酒に逃げた。Ａは自分の収入や仕事について，後に結婚するガールフレンドに，実際よりもずっと良いように話し，経済的に破綻して酒浸りである事実を隠したままだった。その後そのガールフレンドと２度目の結婚をした。仕事の都合でお互い遠く離れて暮らしており，いつかは発覚してしまうと知りつつも修正できず，虚言を重ねては鬱々とする日々を送っていた。もうこれ以上隠し続けることはできないと感じたＡは，決心をしてすべてを妻とその家族に告白した。この告白をきっかけとしてＡは酒を断ち，断酒自助グループに通い始め，更生の道を歩み出した。ちょうどその後，彼の力量を認める昔の仕事仲間から新しいプロジェクトへの参加を打診され，責任のある仕事に就き，かなりの定収入も得られるようになった。私の所属する治療機関に紹介されてきたＡと何度か診断面接を行った後，私たちは，１回45分週２回の精神分析的心理療法を行う契約を結び，治療を開始した。治療開始後約１年後からは，より高い頻度で私との関係性をＡが経験していくためにはもっと時間が必要であるという考えから週３回に頻度が上げられた。

［生育・生活歴］

Ａはある地方都市に生まれた。父親は自営業を営み，母親は小さな会社で働いていた。年の近い兄が一人いた。Ａの家は経済的には比較的裕福であった。両親とも飲酒癖を持っていた。Ａが最初に酒を口にしたのは，小さい子供の頃腹痛を訴えた時だった。振り返ればこれは父親が自分を酔わせて黙らせるためだったのだろうと，この話をしながらＡは嘲るような笑いを浮かべたが，それは父親に対して慢性的に抱いてきた蔑視感を表したものだった。Ａは父親と兄にいつも除け者にされている感じを抱きながら育った。父親と兄はスポーツを好んだが，Ａ自身はスポーツよりも本を読んだり楽器の練習をしたりするほうを好んだ。しかしそれに対して父親と兄は馬鹿にしたような態度を取り，女々しい，と嘲った。母親は父親に比べるとＡの好みを比較的よく理解してくれた。

Ａの家では感情を表現することは好まれず，しばしば感情の存在が否認

された。表現されても事務的に扱われることが多かった。例えばAが8歳頃のことである。父親はビンの中に硬貨を貯めていたが，彼と兄はときどきその硬貨を何枚か盗んでお菓子などを買っていた。ある日Aが兄と外で遊んでいると，父親がやってきて，「硬貨を取ったか？」と凄むように怒った。Aは縮み上がり，そうだと答えた。父親は一言，「取るな！」と睨んで立ち去った。その後は何の話し合いもなされなかった。また父方の祖父の死に際し，父親は祖父の人生を総括し，良い人生だったから問題ない，と家族に述べるのみで，それ以上家族で悲しみを共有するということはなかった。親しんでいた祖父を失った悲しみを家族の前で表現できなかったため，Aは一人でトイレに向かいそこで泣いた。Aを気遣って母親がトイレをノックしたとき，Aは「全然大丈夫」と強がった。

　大学に進学した頃から，都合の悪いことがあると隠し事をするようになっていった。大学で前妻と出会い，卒業後すぐ結婚した。しかし結婚生活は次第に冷え切ったものになり，離婚するに至った。この間，Aは大学で専攻した分野の仕事に一貫して従事していた。仕事に関しては会社内外でその能力を認められていた。

　Aの両親はAが大学生の頃に離婚した。原因は，父親が事業に失敗し姿をくらましたことだった。Aは父親の何が本当で何が嘘なのか分からず，父親を蔑み，憤っていた。父親とは以後疎遠で，Aとは年に何回か電話で話をする程度であった。父親は謎に包まれた存在で，なぜ転々としているのか何をしているのか，不明であった。Aは母親とはずっと近い関係で，頻繁に電話で話し，休暇の際にはしばしば会っていた。仕事を通して知り合ったAの現在の妻は，情熱的で激昂しやすいが，その分冷めるのも早かった。

［治療の経過］

　Aは事実関係については非常に率直で，酒を飲んでいた頃の荒んだ生活を私に詳しく報告した。現在のAの収入や社会的成功を考えると，それはまるで別人の話を聞いているかのようだった。Aは知的に自分自身を語ることができた。例えば過去の飲酒およびその間の数々の不正直な行為を振り返り，自分は自尊心が低いので自己破壊的に行動することにより自分を罰したかったのだろう，とAは述べた。彼は自分が飲酒を続けている間に現在

の妻に不正直だったことに関してとりわけ深く罪悪感を抱いており，自分は根本的に不正な人間なのではないかと思っていた。Ａは自分の内面を私に対して知的に語ることはできたが，しかし彼が私に対して抱いているであろう何らかの感情を表現することはほとんどなかった。Ａはたまに，「事務的なことなんですけど」と言って，私の仕事の形態などについて質問をすることがあった。それらの質問が私への何らかの感情と関連している可能性を模索しても，Ａは否定するばかりだった。Ａは私をもう一人の人間というよりは，知恵を与えてくれる権威者としての機能としてだけ見ようとしているようだった。

　彼は私の解釈を大抵の場合従順に少なくとも表面上は受け入れた。Ａの現在の妻は，彼が告白するまで彼が嘘を言っているとは思っていなかったので，深く裏切られたと感じていた。妻はＡが本当に自分に言っていることを実際にしているのかを逐一確認するようになっていた。それに対してＡは，自分は信用されていない，と憤ることがよくあった。そんなときＡは，自分はもう悔い改めたのだから妻は自分のことを完全に信じきるべきだ，と主張した。しかし決まって同時に，憤るのももっともだ，なぜなら自分はあんなに酷いことをしたんだから，と付け加え，そのときは自分を欠陥人間と見なして自嘲するのだった。妻は，Ａの娘の躾や振る舞い方に関してＡに苦情を言うことがよくあった。それに対してＡは，妻は大人げない，とあるときは憤るかと思うと，別のときには，妻が怒るのももっともだ，自分はだめな人間だから，と落ち込んだりした。

　彼が抱いている深い感情が面接中に表現されることは滅多になかったが，夢の報告の形で表現されることはたまにあった。Ａが頻回に見る夢の一つは，Ａがただ怒鳴り散らしているというものだった。例えばある夢の中で，Ａは毎日のように行くコーヒーショップの店員に対して，ただひたすら激昂して怒鳴り散らしていた。コーヒーショップは私のオフィスを示し，店員は私であって，夢で表現されているのは私への転移感情であるという可能性が思い浮かんだ。しかしそれを支持する素材も少ないし，また私の解釈全般に対する彼のそれまでの態度からするに，夢が，私＝権威者に対する彼の依存心（Ａはコーヒーが大好きで，「依存」していた）と怒りという両価的感情を表していると解釈をしたとしても一蹴される，あるいは表面的にのみ同

意されることが予想されたため，より受け入れやすい転移外のこととして，〈実はこころの奥で，日々自分が不当に扱われている感じがして憤りを抱えて生きているのですね〉と伝えた。この解釈をAは素直に受け入れた。しかし，それでもわずかに人工的な感じは残った。私に対するAの転移感情は，このように存在は想定されたものの，今-ここでの状況として展開され扱われることは稀であった。次のエピソードはその稀な一例である。

　対面法の場合，私は通常メモを面接中には取らなかったが，この症例では，記録のために簡単なメモを面接中に取ることを試みていた。Aは，そのメモを元に私が同僚やスーパーヴァイザーと議論するなどして，治療についてよく考えてくれるのではないか，と想像していた。必ずしも必須ではなかったこのメモ取りであるが，特にAとの面接では止めることが難しいと自分が感じていることに私はやがて気づいた。しかし，私がノート取りを止められない理由が，急にスタイルを変えてしまうことへの技法上の懸念なのか，患者から受ける圧力なのか，私個人に由来する違和感なのか考えがまとまらないままでいた。

　治療開始後半年ほど経ったある日，面接の直前になって，ノートを他の場所に置いてきてしまったことに気づき，私は焦った。他の紙を隣の部屋から取ってくることで代用することもできたが，しかしそもそもそういう義務感を感じている自分に違和感を覚えた。もうAは外で待っていた。紙を取りに行って，少し遅らせて面接を始めるべきか，そのままノートなしで始めるべきか迷った。焦っている自分，ノート取りをまるでAのためにしなければならないような義務感を感じている自分に気づき，Aと私の間に何かこれまでにはなかったことが起こっていることを意識した。そのままノートなしで開始することにした。Aは座るなり，私がノートを持っていないことを指摘した。私はどのように答えたものか一瞬戸惑った。Aの言葉には，問い正すような感じがあった。圧力を感じながら私は，「ちょっとした理由で」と答えた。

　面接も半ばを過ぎた頃，Aが自分の感情に触れることに困難を感じることが多いことに関連して，私の方から再びノートの話を取り上げることにした。ノートを私が持っていないことをAがどのように経験しているかを探索する中で，Aは「ノートは忘れたんですか？」と聞いてきた。私が「忘

れました」と答えると，彼は詰め寄るように，「さっきは嘘をつきましたね。嘘ではないかもしれないけど，そのまま はっきりと言わずに，故意に曖昧な返事をしましたよね！」と，私を咎めた。私は，Aに尋問されて萎縮していくように感じ，自分を嘘つきのように感じ始めた。そもそもノートが必須というわけでもないのに，それを義務のように感じてきた自分，そして必ずしも要らないものを持っていないことを指摘されて嘘を言っているように言われている自分を不自然だと感じた。一方で，自己正当化として取られないようなやり方で，現況が差し支えないことを説明するのも困難に思われた。

　結局私は，〈私は嘘を言うつもりはありませんでした。ノートはなくても大丈夫です。面接の後で付けることもできますから〉と言った。その面接中，彼の怒りはそれでも収まりきってはいないようだった。次の面接で彼は普段の穏やかな彼に戻っていた。怒りの原因について話し合うと，彼は，前回「先生がノートを持ってこなかったことで，自分が先生にとってまったく重要ではないように感じられて防衛的になったんです」と言った。ノートの不在をAがどのように体験したかを私はさらに探求しようとしたが，Aは関心を示さなかった。Aの怒りは再び封印されてしまっていた。しかし，このときの面接は私たちが実際の関係性の中で直接触れ会うきっかけの一つだった。ノートは，私が同僚やスーパーヴァイザーとAのことを議論する際の助けとしてAに理解されていた。したがって，ノートは私と良い権威とのつながりを表していた。ノートを忘れてしまったことで，私は良い権威をAに提供する存在から，実際にAの前にいる現実の存在に変化した。そしてAの権威的存在に対する期待とそれが満たされないと感じられたときに湧き起こる失望と怒りが，一時的に私たちの実際の関係性の次元で表現されたと考えられた。私はこのエピソードを巡ってのAの怒りをさらに探求しようと試みたが，行き詰まってしまった。私はこのエピソードをこころに留め，Aの関係性が治療の場で展開されている兆候に注意することを目標にした。

　Aはその後も，私との関係は，治療者である私が患者のこころを解き明かすという機能に限定されたものであると感じていたようで，私との関係について感情を持つということは考えられないことであると考えていた。しかし，彼の私に対する感情，転移感情が，感情そのものとして表現される代わ

りに，彼が治療の枠組みに関して言及するあるいは行動するそのやり方に表現されていることを私たちが取り上げていく作業が続いた。

　Aはよくコーヒーを近所で購入して面接室に持ち込んでいた。面接において一つの話題が終わると，しばしば沈黙が訪れたが，そんなときAはコーヒーを啜った。そして啜りながら私の目をじっと見つめた。その様子は，Aが私の考えを何とかして見透かそうと努力しているかのようだった。私はコーヒーを持ち込み，啜ることの意味を取り上げた。話し合いの中で明らかになったのは，Aが面接室でときどき私との間に何らかの圧迫感を感じ，それから一時的に逃れたいと思うときがあって，その際にコーヒーが退避先となる，ということだった。しかし私を見つめる視線に関しては，別に意味はない，とAは一蹴した。私は〈私に対して，そこから逃げたくなるような何かを感じるときがあるということでしょうね〉と確認した。

　治療の時間の設定に関しても，Aの転移感情は表現されていった。私たちの面接はほとんどいつも定刻に始まり，定刻に終わった。彼は時間を非常によく守り，遅刻することは稀だった。彼はときどき，「時間ですね」と彼の方から言い出し，席を立とうとした。私は初めそれに対して，〈まだ少し残っています〉と応じていたが，何回か繰り返されたのち，私は彼のパターンを取り上げることにした。Aが言うには，私が見ている時計（それは彼が座っている椅子の背後にある家具の上に置いてあった）を彼が直接見ることができないので，彼は自分より私がより情報をたくさん持っていると感じ，そのことが彼を落ち着かなくさせた，とのことだった。面接の終了を自らが告げることは，彼にとってこの情報の欠乏の克服を意味していた。私は，〈Aさんにとって，私が終了を告げることは，私が一方的に勝利すること，あるいはAさんが一方的に敗北することを意味するのでしょう。だからその前に自分で終了を告げなければならないと感じるのでしょうね。まるでこの面接が私とAさんの競争であるかのように〉と伝えた。その後もAはときどき，「時間ですね」と言い出すことがあった。その度に私は，その意味を以前に二人で話し合ったことを繰り返し確認した。そのような確認をしている間に残りの時間が過ぎ，時間通り面接を終えるということが繰り返された。最後の一瞬を待つ間，初めは緊張感が面接室に充満したが，やがてそれも薄らいでいった。

Ａは貯蓄することを嫌っていた。その理由を探索していくと，Ａは自分が貯蓄を持つことによってお金を自由に引き出せることを恐れていることが分かった。それよりもＡは，現金を財布に入れてそれを使い切るという，ある種の「その日暮らし」を行うことを好んでいた。このことは次のように理解された。つまり，Ａにとって自分で貯蓄をするということは，自分が自分自身に対して権威を持つことを意味したが，しかしその権威をどのように行使してよいのか彼には見当がつかないことだった。このような，お金を巡る倒錯した関係は，彼と義理の両親の間にも起こっていた。彼は義理の両親からの借金を毎月返済することになっていたが，それを普通郵便で送っていた。あるとき彼の義母は送金の遅れを伝えてきた。彼は，送ったか送らなかったか忘れてしまった，と述べ，むしろ自分を疑っている義母に立腹しているようだった。

　彼は私の請求書についても同じような扱いをしていた。ここでも，彼が自分自身で権威を持つことを拒否した結果，相手に権威を振りかざされる被害者として自分を認識してしまうというパターンが理解され，私たちはそのことを話し合った。

　あるとき，彼は支払いと一緒に私の請求書の原本を私に手渡した。彼は，請求書のコピーを保管すると自分の所にいつまでも自分がしなければならないこととして残るような気がして取り除いてしまいたい気になる，と説明した。その日は話し終わらず，次回この話の続きをすることになった。しかし次の回，Ａは前回の話とはまったく関係のない話を始めた。そのまましばらくＡの話に身を委ねた後に私は，前回の続きを話すことになっていたことについて彼に聞いてみた。すると彼は，「すっかり忘れてました！　私は忘れるって言ったでしょう，先生は信じてくれないんだから！」と笑いながら述べた。私は，〈〈自分は忘れる，とＡが言ったことに関して〉Ａさんを信じていましたよ，だから今取り上げているんです〉と言ったが，そう言いながら私自身も半ば笑っていた。ここで明らかになったのは，彼が自分のことを自分自身で扱うこと，自分に対して自分自身の権威を発動することを自ら拒否しているということ，およびその結果，しかし時に，他人の権威のなすがままにされてしまう感じがしてくるために憤る，ということであった。このことに関してＡと繰り返し話し合った。

治療開始後約2年後，Aはそれまで手を付けていなかった公的なサービスに関するある債務の処理に乗り出すかどうかを逡巡していた。Aは債務があることを知っていたが，それがどれくらいのものなのかを正確に把握することなしに過ごしていた。しかし，その債務の処理をそれ以上遅らせることは，生活上大きな支障を来たす可能性があった。債務がそもそも生じた成り行きについて詳しく聞いてみると，実際の額はそれほど大きなものではないことが予想され，Aの収入レベルならば即刻一括払い可能であると思われた。だがAが金額を正確に把握していなかったことで，債務はAの空想の中で如何様にも重く圧し掛かることができた。彼は，最悪の場合刑事罰を受けることになるのではないか，という考えを抱き，不安に駆られた。Aは処理をせずに，いっそのこと酒を飲んで忘れようか，という考えを一瞬抱いたと述べた。しかしそうすることが，彼が私と話し合ってきたように，自分の自分自身に対する権威の発動の放棄であることに気づいた彼は，問題に直面する道を選んだ。債務が巨額なものになっているのではないかというAの空想に反して，実際にはそれはそれほど大きくない金額であることが判明し，彼は円滑に問題を解決することができた。このエピソードは，想像の中での債権者との葛藤が以前よりも過酷ではなくなったことを表していると思われ，Aと私はそれを話し合った。

この治療は，約2年半後，やむを得ない外的事情により終結となった。いくつか課題が残った。まず，Aと父親の関係の分析はまだまだこれからであった。Aの権威的存在に対する態度は，両価的で，スプリットされたものだった。Aは一方で自分を理想的に守ってくれる良い権威を求めていたが，他方，自分の欲求を満たしてくれない権威は容易に悪い対象に転じた。以前の飲酒や虚言は，自らも悪い対象の世界に身を投ずる行為であった。Aの悪い対象との関係は，当然のことながら，父親との関係に大きく関係していると思われた。そのことには随時触れてはきたが，その分析が十分になされたとは言えないままだった。Aが治療を開始したばかりの頃Aの生活はまだまだ不安定であった。Aの中には私の中に良い保護者像を求める気持ちが強かったと思われる。そのため，ともすると悪い対象としてのAの父親，良い対象としての治療者というスプリッティングに私が巻き込まれてしまう危険があった。私は良い保護者でありたいという逆転移感情に注意して

いたが，そのような逆転移感情の傾向がAと父親の関係の分析を遅らせてしまったのかもしれない。

また，Aは私との治療の終結後も他の治療者との継続の必要性を理解し，そう望んでもいたが，しかしその一方，私との治療の終結をある種の解放としても想像していた。そこには迫害的な対象との間の倒錯的な関係性が反復されていた。このことを終結まで繰り返し扱っていった。

私との治療の終結後，Aが新しい治療者と精神分析的心理療法を開始した。次の治療者との間で，私との間でやり残した課題の作業が続いていくだろうと私は思った。

考　察

Aの父親は反社会的傾向のあるアルコール依存者であった。酒癖と虚言癖において，Aは父親に強い同一化を示していた。一方Aにとってそれ以外の選択肢とは，権威者にすべてを正直に話し，許しを請うことであった。「告白」後，Aは償いの日々を送っていた。しかし，そのような償いによってすらも自分の犯した罪を妻が完全に許してはくれないと感じたとき，Aの罪悪感は怒りに転じた。Aは，「侵害され無力な自己」と「全面降伏としての告白を迫る権威的他者」という関係性，および，そのような自己と他者とが逆転した関係性を生きていた。そのいずれでもない，二者択一的ではない関係性を想像することはAにとって困難であった。

このような主題は本事例において特徴的な主題の一つである。この問題は，古典的な言葉で言えば超自我の病理の問題（Kernberg, 1984/1997）であり，対象関係論の言葉で言えば迫害的な対象との対象関係の問題（Joseph, 1989/2005）である。さらには，関係精神分析の立場からは，ベンジャミン Benjamin, J.（1990）は，「する者とされる者（doer and done to）」という関係性を詳述している。Aにとって，自分の内的世界において二者択一的ではない自分の居場所を見つけることは難しかった。同時に，そのような患者の分析的心理療法においては，治療者が患者の世界においてどのような場所に位置するのか，という問題を避けることができない。ボラス Bollas, C.（1999/2004）はこの問題を英国独立学派の立場から論じているが，以下，彼

の仕事を参照しつつも，関係精神分析の立場からの議論を中心にこの問題を考察していきたい。

　精神分析における治療者の患者の世界における位置に関して論じるに当たっての一つの観点は，治療者の中立性に関するものである。アンナ・フロイト Freud, A.（1936）は，分析家がイド，自我，超自我からの等距離の立場から分析を行うこととしての中立性概念を提唱した。患者のある特定の心的装置 psychic agency にのみ分析家が加担することは，中立性の破綻であるとされた。一方，自己心理学の見地からコフート Kohut, H.（1977/1995）は，分析家は「内的生活への共感的没入を通して得られる洞察を助けとして他者を助けることに人生を捧げている人間から，平均的に予想されるような反応性」を持つべきであるとし，それまでの中立性の考え方を見直した。自我心理学的な中立性は，分析家はイド，自我，超自我のどれにも与しないことを要求している。しかしコフートは，どれにも与しないという意味での中立性ではなく，**どのように与するのか**ということを巡っての中立性へと概念を大きく転換した。

　中立性概念の議論は，やがてその存在意義そのものの問い直しへと向かった。自己心理学の流れを汲む間主観性理論者のストロロウ Stolorow, R. D. らは，次第に中立性概念そのものを破棄すべきであるという論調を固めていった（Stolorow, 1987/1996；岡野，2002a；丸田，2002）。間主観性理論によれば，分析家が中立であるということは原理的にあり得ないことである。ストロロウらは，分析家あるいは患者という単位の存在を想定すること自体が「隔離されたマインド神話」であるとして批判する（Stolorow et al., 1987/1996；Stolorow and Atwood, 1992）。古典的な精神分析はデカルト的二元論に長く縛られてきたが，精神分析は間主観的フィールドにその関心の焦点を移すべきであると彼らは主張し，「隔離されたマインド」の中にではなく，間主観的フィールドにおいて意味が生成することをガーダマー Gadamer, H. G. の解釈学を用いながら論じる。そして，そのような場に分析家が常に埋め込まれている以上，古典的な意味での中立的な立場というものはあり得ないと論じた。

　また，自我心理学派に比較的近いところで間主観性理論を論じているレニック Renik, O.（1996, 1999）も中立性概念の危機を論じている。レニックは，

患者の葛藤に関して自分の個人的見解を伝えるという自己開示の可能性について論じている。レニックは，しかし，治療者がより妥当な意見を持つ権威者として患者に受け入れられることを意図しているのではない。レニックは，治療者が患者の意見とは異なる見方を提供し，かつ患者がそれを自分自身の意見と比較検討することを促すことによって，治療者が権威主義者の権威とは異なる，専門家としての権威を持つことの重要性を論じる。この論は，他の言葉を用いれば，より成熟した超自我の可能性についての論でもある。過酷な超自我が成熟した超自我に変形されるためには，治療者が古典的な中立性を保っているだけでは十分ではない。治療者の自己開示によって，治療者が自分の意見の限界を認めつつ，患者を共同作業者として受け入れることによって，患者の中に自分の意見と相手の意見との間での交渉を行う能力が育まれる可能性についてレニックは論じている。その結果，超自我は現実的なものに変形される機会を与えられる。

　レニックやストロロウらのように，古典的な意味での中立性が成立しないという考えを共有する分析家は他学派にも多い。エナクトメントという概念は，従来逆転移の行動化に近い意味で用いられてきたため（岡野，2002b），エナクトメントが起こるということはしばしば中立性が破綻した結果を意味した。しかし，自我心理学派のジェイコブズ Jacobs, T.（1986）はその治療における有用性について考察している。また，関係学派のブロンバーグ Bromberg, P. M.（1998）やデイヴィース Davies, J. M.（2004）は，内的世界が変わるためには内的関係性が患者と分析家の実際の関係性としてエナクトされる必要があると考え，エナクトメントの有用性のみならず，その必要性をも論じた。同じく関係学派のグリーンバーグ Greenberg, J. R.（1986）は，中立性とは「患者が分析家を古い対象として見る傾向と，分析家を新しい対象として経験する能力との間の至適な緊張を達成するという目標」であるとしている。さらにデイヴィース（2004）は，関係精神分析の見地から見た中立性を，「ある一つの布置 configuration の再エナクトメントを繰り返してしまうような窮地に陥ることなく，ある特定の転移-逆転移パラダイムから，別の転移-逆転移パラダイムへと流れるように移行することのできる能力」と，より明確に関係的に定義している。

　関係精神分析の見地からは，エナクトメントを介した古典的中立性からの

逸脱は避けられない場合があるとされる。古典的中立性概念の「中立」が何に関しての「中立」なのかを振り返ると、それは「患者の」イド、超自我、自我、そして現実という構成点について、それら一つ一つからの距離が等しいということであった。それに対して、複数の転移-逆転移パラダイム（転移-逆転移状況）の一つ一つに、精神内界レベル、および対人関係レベルにおいて分析家が実際に参与して巻き込まれつつも、一つ一つの転移-逆転移パラダイムに関して等距離に留まろうとするものとしての中立性という考え方もある。すなわち、複数の転移-逆転移パラダイム、複数のエナクトメントに関しての中立性という考え方である。

　以上に論じた中立性論の近年の流れおよびエナクトメント論を参照しながら、事例をさらに考察したい。まず私がノートを忘れたときのエピソードについてである。治療初期、Aの私の解釈に対する関係は、Aの従順な受容によって特徴付けられるものだった。それは全面降伏を迫る権威者としての私と、侵害され無力な存在としてのAという関係性を表していた。私がノートを持っていない理由をAが迫るように問い詰めたとき、私は逆に侵害される存在に変わった。そのような自己-他者布置にまつわる感情は怯え・怒りであるが、しかしそのような感情は普段は封印されており、言語を通して表現されることがなかった。ブロンバーグやデイヴィースのような立場からは、迫害的対象-無力な自己という二者関係およびその逆が、エナクトメントを介して治療の場に実際に展開されたと理解されるだろう。

　ノートを持っていないことを指摘された私は「ちょっとした理由で」と答えた。この時およびその後のやり取りをする中で私が終始意識していたのは、屈服的な関係性にも威圧的な関係性にも与しないようにするにはどうしたらよいのかということだった。最初にノートの話が出たときに私が取り得た反応は他にもいくつか考えられる。何も言わないでAの反応を待つ、Aがどのように感じたかを探索する、単に事情を説明する、などの選択肢が考えられるだろう。しかしどれを取っても、屈服的な関係性あるいは威圧的な関係性に与してしまうように思われた。

　ノートについて再び取り上げたときのことを考えてみたい。私が自責的になって黙っていたり、ノートを忘れたことについての自責感から事情をすべて説明するとしたら、告白を迫る対象としてのA-問い詰められ無力な自己

としての私,という布置のみと同一化してしまうことになる。一方,自分の不手際を認めずに正当性を主張することや,Aの怒りの背景にある脆弱感をこの時点で解釈することは,それとは逆の布置との同一化を示すだけに終わってしまうことになっただろう。このように整然と考えられていたわけではないが,以上のようなことを私は感じていた。

　私は自分の間違いを全面的にAに「告白」したりせず,かといって否認したり,正当化したりすることもしないことを目標とするしかなかった。なぜならば,Aにとって完璧な正直とは虚言の裏返しなのであり,私による全面的な「告白」は新しい関係性につながるとは思えなかったからである。私は,完璧な正直と虚言のどちらにも移行しないことが大切であると思っていた。Aは,ある日の「告白」以前の自分はまったくのまやかしであり,その日以降は正直を誓って生きて来たと感じていたが,その正直さは,そのすぐ後ろに虚言の影が付きまとう不安定なものに過ぎなかった。そのような不安定さが治療の場で展開されたのがこのノートのやり取りのあった回であった。その次の回において,Aはその前の回のときに自分が「防衛的」になっていた,と述べたが,むしろ逆に,Aの,そして私の防衛が機能しなくなるようなエナクトメントが起こったためにAの感情に接近することができたと考える。その扱いには問題もあったと思うが,Aとの感情的接触の一つの契機にはなったと考える。

　Aは相手を権威的存在として見立てた上で相手からの威圧を恐れて屈服し,一方で相手に少しでも非があると感じると威圧的に非難することで権威者と自分の関係を逆転させるという倒錯的な関係性を持つ傾向があった。Aの生活は,X年Y−1月の「告白」の前後で逆転されていた。「告白」前の酒の乱用,不正直とは,権威に対する反逆であった。一方「告白」後の生活は,権威に対する屈服であった。妻との間でも,そのような,威圧する者,威圧される者からなる関係性が,立場を交互にして展開されているようだった。その後の治療では,同じような,威圧的存在との関係性を巡る主題が繰り返し現れた。その扱いにおいて大切だったのは,治療者自身がAとの関係において,完全に屈服することなく,しかしまったく反抗的になることもなく,両価的で,葛藤に満ちた存在として実際にAの前に立ち現れることであったと考える。

当然のことながら，このような劇的なエナクトメントのみを介して治療的変化が起こるというものではなく，Aの転移感情はさらに徐々に治療の場に展開されていく必要があった。転移-逆転移状況において，内的な対象関係が実際の関係として治療の場において十分に展開されることが必要であった。それはやがて時間や料金といった治療の構造に関するやり取りを介して表現されていった。

　Aとお金の関係（貯蓄，義母への送金，私の請求書との関係）を巡る私とのやり取りについて考察する。お金を巡る話は，まず転移外のこととして，Aと義母との間のこととして語られた。そしてそれがやがて治療の場において転移-逆転移状況として展開されてきた。私からの請求書を権威として捉え，それを重荷と感じた彼は，請求書を巡る話を防衛的に忘却してしまった。請求書の話を覚えているという機能は私に投影されていた。結局このことを巡るAと私の間のやり取りは，時にはある種のユーモアを含むようなやり取り，ウィニコット（1971/2000）の言葉で言えば，ある種の「遊び」の中に回収されて行くことになった。このように，患者の内的世界の面接室での展開を醸成しながらも，患者によって外化されている葛藤を自身が内的に抱えることによって分析を可能にする分析家の態度を，ブロンバーグ（1998）は，「間に立つこと standing in the spaces」と呼んでいる。このような私とのやり取りを通して，Aは自分自身の中に葛藤的な考えを抱くことができるようになってきた。このような変化は，それまで手をつけていなかった債務を巡るAの葛藤に表現されている。現代の対人関係的精神分析・関係論によれば，葛藤を内的に感じられることは，分析の前提であるというよりも，達成目標の一つである（Bromberg, 1998 ; Stern, 2004）。Aのこころの探索は私との治療の終結の時点で終わったものではなく，引き続きAは精神内葛藤の分析も含めてさらに彼自身のこころの中に深く入っていく必要があった。私との治療はそのための基盤作りとしての意味を持つものであったと考える。

文　献

Benjamin, J. (1990). An outline of intersubjectivity : The development of recognition. *Psychoanalytic Psychology*, 7S (Supplement), 33-46.

Bollas, C. (1999). *The Mystery of Things*. London : Routledge. 館 直彦・横井公一（監訳）(2004). 精神分析という経験――事物のミステリー. 岩崎学術出版社.
Bromberg, P. M. (1998). *Standing in the Spaces : Essays on Clinical Process, Trauma, and Dissociation*. New Jersey : Analytic Press.
Davies, J. M. (2004). Whose bad objects are we anyway? : Repetition and our elusive love affair with evil. *Psychoanalytic Dialogues*, 14, 711-732.
Freud, A. (1936). *The Ego and the Mechanisms of Defense*. New York : International Universities Press.
Greenberg, J. R. (1986). Theoretical models and the analyst's neutrality. *Contemporary Psychoanalysis*, 22, 87-106.
Jacobs, T. (1986). On countertransference enactments. *Journal of the American Psychoanalytic Association*, 34, 289-307.
Joseph, B. (1989). *Psychic Equilibrium and Psychic Change*. London : Routledge. 小川豊昭（訳）(2005). 心的平衡と心的変化. 岩崎学術出版社.
Kernberg, O. F. (1984). *Severe Personality Disorders : Psychotherapeutic Strategies*. New Haven : Yale University Press. 西園昌久（監訳）(1997). 重症パーソナリティ障害――精神療法的方略. 岩崎学術出版社.
Kohut, H. (1977). *The Restoration of the Self*. New York : International Universities Press. 本城秀次・笠原 嘉（監訳）(1995). 自己の修復. みすず書房.
丸田俊彦（2002). 間主観的感性――現代精神分析の最先端. 岩崎学術出版社.
岡野憲一郎（2002a). 中立性と現実――新しい精神分析理論 2. 岩崎学術出版社.
岡野憲一郎（2002b). エナクトメント〔行動に表れること〕. 小此木啓吾（編集代表） 精神分析事典. 岩崎学術出版社, pp. 41-42.
Renik, O. (1996). The perils of neutrality. *Psychoanalytic Quarterly*, 65, 495-517.
Renik, O. (1999). Playing one's cards face up in analysis : An approach to the problem of self-disclosure. *Psychoanalytic Quarterly*, 68, 521-539.
Stern, D. B. (2004). The eye sees itself : Dissociation, enactment, and the achievement of conflict. *Contemporary Psychoanalysis*, 40, 197-237.
Stolorow, R. D. & Atwood, G. E. (1992). *Contexts of Being : The Intersubjective Foundations of Psychological Life*. New Jersey : Analytic Press.
Stolorow, R. D., Brandchaft, B., & Atwood, G. E. (1987). *Psychoanalytic Treatment : An Intersubjective Approach*. New Jersey : Analytic Press. 丸田俊彦（訳）(1996). 間主観的アプローチ――コフートの自己心理学を超えて. 岩崎学術出版社.
Winnicott, D. W. (1971). *Playing and Reality*. New York : Basic Books. 橋本雅雄（訳）(2000). 遊ぶことと現実. 岩崎学術出版社.

第 7 章

行き詰まりと関係性
解釈への抵抗について

抵抗，エナクトメント

　精神分析的心理療法過程における抵抗の概念はさまざまな学派によって多様に論じられてきた。自我心理学的には，それは無意識を意識化しようとする過程に生じる自我の防衛的努力のことであり，発生に関しては構造論の観点からイド抵抗，自我抵抗，超自我抵抗に分類される（川谷，2002）。一方クライン派の立場からは，抵抗とは陰性転移そのものであると論じられてきた（Hinshelwood, 1991）。また関係精神分析の立場からは，これまで抵抗として記述されていた現象は，一見心理療法の妨げになっているように見えて実際には心理療法の転機であるような類のエナクトメントとして記述されることが多い（Bromberg, 1998）。
　エナクトメントとは，「実演」と訳されることもあるように，無意識的素材の，実際的な行動としての現れのことである。岡野（2002）はエナクトメントを，意識できていない個人的な動機が，言葉や仕草，あるいは空想などを含む広義の「行動」により表現されることであり，従来おもに治療者の行動に関して論じられ，逆転移の行動化に近いネガティヴな意味を持っていたと論じている。近年ではしかし，エナクトメントの負の側面のみならず，その有用性も論じられるようになってきた。すなわち，エナクトメントは，思考・理解が可能になる以前の無意識的素材の表現であるという考え方である（Stern, 2010）。この考え方によれば，エナクトメントは，臨床的妨げになることもあるが，それのみならず，無意識的素材に到達するための契機を告げるものでもある。本章では，慢性の抑うつ感と不安感を訴え来院した患者の

治療過程に生じた行き詰まりについて，諸学派による抵抗の理解を参照しながら，特に関係精神分析からみたエナクトメントの議論を手がかりとして考察することを目的とする。

事　例

　40代女性Aは，慢性の抑うつ感と不安感を訴え，私の所属する治療機関を訪れた。息子は生来落ち着きがなく多動傾向があり，以前よりAと頻繁に衝突していた。成長するにつれ，ますますAと衝突するようになっていた。その年の新学期が始まると，息子はそれまで以上に学校で適応困難を示し始めた。それに対してAは息子を厳しく叱りつけることで対処しようとしていたが，息子は反抗するばかりだった。それと並行するようにAの心理状態は急速に悪化していき，やがてAはパニック発作を起こし始めた。

　最初の面接時，Aの頭の中は息子のことで一杯で，息子がいかに難しい子供であるかを語り続けた。数回の診断面接を経て必要な援助を考えた。一つはパニック発作を中心とする強度の不安感をひとまず軽減することだった。これには薬物療法を行うことになった。しかしそれ以外に，慢性の抑うつ感と不安感，支配的・強制的な傾向，相手の側に立って感じることの困難などの自己愛的性格特徴に対しては精神分析的アプローチが必要であると思われた。性格傾向のことを扱うためには，Aの意識的および無意識的なこころの問題が転移および逆転移感情を通し，今-ここで十分に展開されることが必要であり，そのためには，行動化や面接空間の外への外在化の起きにくい，週複数回の面接を持つことが望ましいと考えられた。そこで，週3回，1回45分の治療を勧めたところ，Aは強い意欲を示した。私が提示した週3回の治療へのAの熱意は，その意味の理解に基づく部分よりも，Aの理想化傾向，細部を捨象し劇化するヒステリー的傾向などによる部分が大きいとも思われた。しかしこのことの分析自体，Aの性格傾向の分析と密接に関わっているため，転移および逆転移の細かな分析をも十分可能にするような週複数回の頻度がないと扱い難いものであると思われた。私たちは週3回の頻度で治療を開始した。当初対面法で行ったが，半年後より後述する理由によりカウチを使用した。

第7章　行き詰まりと関係性

［治療経過］

1. 治療導入期

　治療開始後，Aはしばしばこれまでの半生を時系列順・主題別に語った。Aはとめどなく話し続けたが，それは自由な語りというよりも報告のようなものだった。

　Aの父親は，仕事はきちんとするものの家のことはほとんど何もせず，Aにも基本的に無関心であった。一方，時に激しい怒りをぶちまけることがあった。Aの最早期の記憶は父親とのシーンで，Aは父親に自転車に乗せられて家から離れた所に来ていた。やがてどういうわけか，父親は自転車を止めて自分だけが降り，Aは自転車の上に一人だけ残されていた。すると自転車が倒れ始めた。Aは自分が地面へと倒れていく光景を，まるで高いビルから落ちて行くかのようだったと述べた。

　専業主婦の母親は働き者だった。母親と父親は仲が悪く，母親は父親を軽蔑すべき堕落した人間と見なしていたようだった。Aは基本的には母親と意見を同じくして父親を蔑視していた。母親は教育熱心で，よく世話をしてくれた。一方礼儀作法を厳しく躾ける母親だった。母親は家族への献身的な犠牲者としてAには映っていたが，そのことにAは深い敬意を払っていた。母親は慢性的な憤怒を感じているようでもあった。Aには弟が一人いたが，弟とは成人後ずっと疎遠なままだった。

　Aは活発な子供だったが，小学校に入学後，過剰なまでに厳格で懲罰的な先生からある習い事を始めた頃より，大人の目を気にするようになった。Aはしばしば理不尽にその先生に叱られ苦しんだ。しかしAはその習い事を止めることを考えもしなかった。Aは自分が本当は何をしたいのかを考えることすらしないまま，その習い事を生かせる大学に進学した。

　大学卒業後，精神的に消耗し定職を持たずにいたところ現在の夫に出会った。あまり考えることなく，ただ落ち着くために結婚した。夫はAとは生まれ育った環境を異にしていたにもかかわらず，非常に協力的だった。しかしAと夫との関係は，男女というよりも親密な共同生活者という感じで，性生活がまったくない状態が何年にも渡って続いていた。

　治療開始後しばらくの間，このように，主に予め考えられた内容をAが

報告するという面接が続いた。この間，私はAと息子の関係についての解釈をいくつか行い，それらの解釈を用いてAは，知的理解のレベルに留まってはいたものの重要な洞察を得たようだった。例えばAは，自分の息子に対する過酷な態度は母親の過酷さへの同一化のためであることを理解した。Aが息子に対する硬直した態度を和らげたところAと息子の関係は改善し，学校でも問題なく過ごせるようになった。それにつれてAの不安感，抑うつ感も減少した。

2．自由な発話をすることの困難

このように症状レベルでの改善は比較的速やかだったが，その背景の性格の問題は依然手つかずの状態だった。半年が過ぎた頃のある時の面接でAは母親との関係について話していた。その中でAは，子供の頃いつも母親がどう思っているかを気にして顔色を見て，何を考えているのかを察しようとしていたと述べた。面接の場ではどのように私との関係を経験しているのかを問うと，予想されたことだが，Aは私の顔色を見て，母親に対してそうであったように，私が何を考えているのかを察しようとしていた。しかしAは，私が自分の考えを話すことは心理療法の規則に反するだろうから自分は質問することはできない，と述べた。面接室で私を直視しなければならないために，Aは私の顔色を見ながら規則に反しないと思われることのみを話していたことが理解された。

そこで私は，私を見ないで済むような方法ならばもっと自由に話せるかもしれないと思い，Aにそう伝えた。Aは，いつも面接に来る前に自宅で横になっていろいろ考えてから来る，と言った。自宅で横になって「予習」を行い，面接中には私の顔色を見ることで制限された発話のみを自らに許すことにより，Aは自宅と心理療法の場を使い分けていると思われた。そのことを解釈し，そのような対策が必要になるような関係性の性質を取り上げた。すなわち，Aは私を過度に厳格な権威者としてみなしており，そのために面接中私の顔色を見ることに集中してしまうために，自由に考える場所を自宅に別に設ける必要が生じてしまうことを話し合った。しかし，その話し合いは表層的なものに終わった感があった。そこで私は，自宅で横になる代わりに面接の場でカウチに横になってはどうか，とカウチの使用を勧める

ことで，Aによる自宅と心理療法の場のスプリッティングに対処することを考えた。カウチの導入の影響により私との距離感が変わることへの反応を話し合った上で，その次の回からカウチを用いることになった。

　カウチの使用によってAの発話の自由度はやや増した。しかしそれによっても，まるで面接が習い事であるかのように準備をして面接に来るというAの姿勢に根本的な変化は見られなかった。何か他の介入が必要と思われたが，有効な対策を見出せずに時間が過ぎて行った。

3．行き詰まり感の深まり

　1年ほどが過ぎ，Aは十分な情報を私に伝え尽くしたという感じを持っているようだった。Aは私から，彼女が「最終的な答え」と呼んでいるものが与えられるものと期待していたようだった。その意味を探っても，「人生の答え」のような同様に漠然としたものに言い代えられるだけだった。この頃，Aと私の間には生々しい関係性は存在していないように私には感じられていた。私はカウチの後ろに座りながらもまるでAの遠くにいるようで，私とAの間には一方向性の関係性があるのみだった。Aは私の中に自分の考えを確認するという機能のみをあてがっていたようで，私の解釈はしばしば存在しなかったように扱われた。

　それまでも，特にカウチを使用し始める前頃から，準備をして面接に臨み私の顔色や反応を見ながら話すというAの姿勢に私は心理療法の閉塞感を感じていたが，この頃から私は行き詰まりを一層深く意識するようになっていた。それまで私の反応を気にしながらもAが続けていた報告様の語りが，私に情報を伝え尽くすという形でひとまず終結すると，後は私からの「最終的な答え」をAがひたすら待ち続ける場となってしまったからである。

　例えば次のようなやり取りがあった。Aは，子供の頃から師事していた習い事の先生の行き過ぎた指導を振り返り，「自分はあのせいでまったく萎縮してしまった」と述べたが，一方他の時にはその先生に対する尊敬の念を語った。そこでその先生に対する両価的感情を指摘すると，Aは「うーん，そうかなあ」と否定した上で，自分の言ったことをそのまま繰り返した。このようなやり取りは他の主題を巡っても繰り返された。例えば，息子の日常の世話にあたかも自分の存在のすべてがかかっているかのようにAが感じ

ているために，息子の世話が上手くいかないと，自分の全部を否定されるような感覚に繋がっていくのではないか，と解釈したことがあった。それに対してAは，私の発言に暗に批判を嗅ぎ取ったように返事をするのみだった。

そこで私はわれわれの間の対話のプロセスの特徴を取り上げようと試みた。Aは，私がAに質問をするときは，答えが私にも分からないから質問をしているのではなく，私の中に既に答があってその上で私が質問しているものと想像していた。そしてその，私の中の答に近い答を自分で発見しなければならないと感じているようだった。そのことを指して，私は私とAの間のやり取りが，「一問一答」のようになっていると伝えた。するとAは，「皆そうだと思います」と述べた。〈そういうことしているのは，Aさんだけ，というように非難していると聞こえますか？〉と聞いても，「先生が今言ったことが正しいのか間違っているのか考えもしません」と述べた。私が言ったことを考えもしないというAの発言は，私に大きなインパクトを与えた。私の中には，自分の発言についての判断を留保されたという感覚のみならず，まるで自分が何も言わなかったように扱われたという感覚が引き起こされていた。

私がAとは別様の考えを持ち得るということを受け入れるのが彼女には困難なようだった。例えば子育て方を巡ってAが私の意見を聞いてくることがあった。しかしそのときでも，私の考えが分からなくて質問している，というよりは，Aは私が同意見であることを確認するために聞いているようだった。私の中には，自分がまるで自分として存在していないかのような感覚が生じていた。私は，Aにとって私が同意見であることが大切であり，そのことは私が彼女と同意見ではないと私から拒絶されるように感じてしまうことに対する防衛である可能性を解釈した。しかしAは私の発言を吟味することに興味を感じていないかのように応じた。

1年半近くが経過した。Aは私を「最終的な答え」の持ち主として，ある意味で理想化しているようであったが，しかしその理想化は，私が別様の考えを持ち得る人間であることへの脅威に対する自己愛的な防衛であると思われた。そのことを言葉にして取り上げてもAは扱おうとせず，膠着感が続いていた。

4. 関係性の変化

　このような状況が変化するきっかけとなったのは，私が自分の中の，ある願望に次第に気づくようになったことだった。それは，「正しい」解釈を用いて「正しい」分析をしたいという願望だった。正しさとは，一つには，精神内容を正しく理解するという意味での正しさのことであり，もう一つには，分析プロセスを，Aの分析プロセスへの関係そのもの（Joseph, 1989 ; Mitchell, 1997）を含み正しく理解するという意味での正しさのことであった。私は折に触れ，この両者についてAに示してきたように思っていた。関係論的な観点からは，客観的で絶対的な理解という意味での正しい解釈は存在しない。このことを理解しつつも，振り返れば私の中には，Aの姿勢に呼応して，そのような意味での正しさを求める願望が増大していたのかもしれない。

　例えば，批判的視線へのAの脆弱性という精神内容のみならず，その脆弱性を解釈する分析プロセス自体を侵襲的であると捉えてしまうというAの分析プロセスへの関係をも正しく解釈してきたと思っていた。しかし，Aが習い事等において正しい生徒であろうとした結果，習い事の先生に倒錯的な形で過剰に適応してしまい苦しい思いをすることになった過去を鑑みると，Aにとって，私の解釈に耳を傾けることはそのような倒錯性の再現への道を開く危険を意味したのかもしれない。Aは治療に熱心に通っていたものの，一方で私の解釈する者としての機能を拒絶していた。その状況の生成に私自身も図らずも寄与していたということに私は気づいた。

　ある日の面接でAは，「最近答えが得られてきたような気がします。でも先生が，本当にいい，と言うまで続けます」と述べ，心理療法の進み具合についての私の考えを聞いてきた。私は，〈Aさんのことで分からないことがまだたくさんある気がしています。何か引っかかって先に行けないでいるようです。私と一緒になって考えるというのがAさんには難しいと感じられている〉と言った。Aは，「今，もの凄く大変です。どう答えても駄目な気がする」と言った。私は再び解釈のプロセスそのものを解釈しようという意図で，〈私が詰問者のように感じられているようですね〉と伝えたが，この発言自体がますますAを混乱させてしまったようだった。

　その2回後の面接で，これからの治療に関してAは，「私のためにやって

いるのに，どこかで，先生に応えていないとか，先生のためになっていないのではないか，と思うんです。せっかく週3回来ているのに」と述べ，それ故に心理療法を続けるのが困難に感じ始めていることを訴えた。Aは実際自分なりのやり方で精一杯心理療法に取り組んでいた。その取り組み方は確かに融通の利かない，一方的報告様のものだった。だが，Aにはそれ以外の方法はどうしても浮かばないのであり，彼女は途方に暮れていた。そのとき私は，Aがいかに必死に努力しているのかをそれまでよりも一層強く感じた。私は，いつの間にか正しく治療しようと懸命になっており，正しい答えを持っていてそれを要求する先生/親という役割をエナクトしていた。同時にAは，正しい答えを見つけようと懸命になっているA/子供という役割をエナクトしていた。この二つのエナクトメント，私とAの双方からのエナクトメントは，十分に気づかれないままになっていたために，私とAはいわばそれぞれ一人ずつ空回りするだけで，私とAの関係性は擦れ違いのままだったと私は考えた。

　私は自分の気づきをAに伝えることにした。私はAに今の状況は決して彼女一人で作り出したものではなく，いつの間にか私と彼女が一緒に作り出してしまった行き詰まりであることを説明した。私は，〈Aさんは本当によくがんばっていますよ。できることをすべてしてきたのではないでしょうか。しかし今の心理療法への取り組み方では私ががっかりするんじゃないかと心配して，しかしどうしたら良いか分からないので，辛くなっているようです。でも，かなりの部分は私の責任です。私がAさんに，私たちがここでしていることをもっと分かるようにしなければならないのだと思います。それが私のセラピストとしての役目です〉と伝え，治療の状況への私の寄与を明確にし，その意味をAと話し合った。

　やがてAはかなりほっとした様子を見せ，次のように連想した。「昔，自分に実力があるのならば良かったんですが，そうじゃなかったので，実際よりも良く見せないと，母ががっかりして，肩身の狭い恥ずかしい思いをさせてしまうと思ってたんです。相手に対してできていないことの方が苦しみになるんです」。私が，〈Aさんは相手に応えきれていないと感じて，自己嫌悪に陥ってしまうようですね。そしてそれは私との間でも起こっているようですね〉と言うと，「そう。自分のために生きていないな，と。自分がどう

いう考えを持っていて、どんな感じなのか、自分が無いような感じがする」と続けた。この時の面接をきっかけとして、われわれの関係に変化が生じ始めた。

　その後Aは以前とは違った意味で治療に対して意欲的になった。Aは私の中に既にあるとされている答えを推測するのではなく、自分自身のこころの中のことに関心を持つことができるようになってきた。Aは母親に対する両価的感情に始まり、それまでほとんど触れて来なかった娘に対する競争心・羨望を語ることができるようになった。話したいことがあって仕方ない感じがするために毎日来て話したいほどだと語った。その頃になってAは以前を振り返り、「心理療法を止めたくなっていたとき、先生は、それじゃあ止めましょう、と言うか、いや続ける必要がある、と言うかのどちらかだと私は思っていました。先生はそのどちらでもなかったです」と表現したが、それは私が正しい答を既に知っておりそれをAに与えるだけの存在ではなく、Aと共に考える別個の人間であることを彼女が感じ取ったためだった。

　私はAとの間の関係性を以前とは異なるように感じるようになっていた。私はいつもAの言いなりにされてしまいそうな感じを持つようになった。それは治療の枠を操作するといった行動化のようなものではなく、もっと直接的に言葉でのやり取りの最中に感じられるものだった。以前は、私の考えを既に知っていて、したがってそれ以上私の考えに関心を抱かない傾向がAにはあったが、それが変化した。Aは私の考えに関心を向けるが、私が同じ意見になるまで自分の意見を主張し続けるようになっていた。それは必ずしも心地よく感じられるようなものではなかったが、それは一つの生き生きとした関係性である点において、以前の関係性の不在とは異なっていたし、そのような変化は分析が進んでいることの表れであると考えられた。

考　察

相互交流としての抵抗

　精神分析のプロセスではいわゆる抵抗が発生することが知られている。従来、抵抗は患者のこころの中から発生するものと考えられてきた。そして抵

抗の克服のためには，精神内界の葛藤の解釈が勧められてきた。しかし，本事例の患者のように解釈に抵抗を示す場合，精神内界の葛藤を解釈するだけでは不十分である。

関係精神分析は，外傷的経験が象徴化されないままになっている場合，エナクトメントとして表出されることを論じている。このようなエナクトメントは，患者と治療者の双方から同時に生じることがあり，それに両者が気づかない場合容易に行き詰まりを生じ，抵抗と見なし得る状態を生じる。このような場合，精神内界に由来する抵抗とは異なる対処が必要になる。相互交流の産物としてエナクトメントを理解するならば，抵抗現象は患者に一義的に帰すべきものではなく，治療者と患者の相互交流の産物として扱う必要がある。

関係精神分析の立場からのエナクトメント論

次に関係精神分析の立場からのエナクトメント論を論じるが，その前にこの主題と関連して，これまで行われた研究のいくつかに触れる。

本事例の行き詰まり状態はスタイナー Steiner, J. が「心的退避 psychic retreat」(Steiner, 1993) と呼んだものに類似している。スタイナーは，このような安定が正常なコンテイニングによるものとは違い，屈服と引き換えに得られる倒錯的なものであることを述べている。スタイナーはさらに，心的退避におけるフェティシズムの問題に触れている。スタイナーは，フェティシズムにおける現実との倒錯的関係を論じ，そのような対象関係に基づく安定性を供給する防衛システムとしての病理的組織化を論じた。このような行き詰まりに対して，スタイナーは「分析家中心の解釈」を行うことにより，解釈の持つ心的退避への侵襲性を懐柔することを勧めている。本事例の患者も強固な病理的組織化を維持していると理解することもできる。そこで，変化をもたらすためにある種の「分析家中心の解釈」を試みることも考えられる。しかしそもそも解釈を中心とする分析プロセスそのものに抵抗を示している患者がそのような解釈を聞くことができるのだろうかという疑問も残る。

自我心理学の立場からのバス Bass, A. (2000) の議論を概観しておく。バスは本事例において見られたような類の抵抗現象について興味深い考察を提

示している。バスは分析における患者の具象性の問題を取り上げ，これを意味・象徴化に対する抵抗として論じた。バスによれば，精神内容の抑圧よりもずっと強固な抵抗の形式があり，それはフェティシズムに見られる否認 disavowal/Verleugnung，すなわち一度認識した上でそれを否定する，という防衛である。

　フロイト（1927）は，抑圧では感情がその対象になるのに対して，否認では考えあるいは知覚がその対象になるとしたが，バスは「エナクトメントあるいは具象性においては，分化のプロセスに対して防衛が働いているまさしくそれらの点において，何も『知覚』することなく『現実を正確に描写すること』のみが行われる」と述べている。ここでバスが言っていることは次のように理解することができるだろう。エナクトメントとは，象徴的理解としてこころに置いておけないような心的内容物あるいは経験が，具象的な，脱象徴化された形で外的に表現されてしまうことである。そしてエナクトメントにおいては，ある心的内容物あるいは経験がただ一つの具象的意味のみを持つわけではないという象徴的可能性を「知覚」することがなされず，表層のただ一つの「現実」の描写のみに力が注がれる。このことは，起こっていることの表面の下を理解することへの強力な防衛を形成する。したがって深層の分析的解釈は患者にとって意味を持たない単なる具象物と化す。このような防衛をバスは「表面の防衛」と呼ぶ。彼は，したがって，エナクトメントを介した抵抗に対しては，象徴化あるいは意味の脅威への防衛のプロセスに介入の焦点を移すべきであると論じた。

　バスは，そのような表面の防衛の重要性を論じた分析家として，現代自我心理学派のグレイ Gray, P.（2005），そしてポスト・クライン派のジョセフ Joseph, B.（1989）の仕事を論じ，高く評価している。しかしバスは，グレイには「現実を受け入れないこと，特に，分析プロセスという現実を受け入れないこと」の力動の理解が不足しているとする。一方ジョセフに関しては，彼女が分析プロセスに対する根源的な防衛が解釈そのものに対する防衛として現れることに注目していたことを評価しつつも，ジョセフのアプローチでは内在化に伴う差異化の不安，すなわち外部が自分とは異なるということを受け入れる過程に生ずる不安が十分に言及されていない，と批判している。ジョセフは全体対象との同一化それ自体を防衛する必要を措定していな

いとバスは論じている（Bass, 2000）。

　バスによる「表面の防衛」の議論，およびエナクトメントの議論は，関係精神分析における抵抗現象の理解への橋渡しとなる可能性を持っている。エナクトメントが具象性そのものであるという議論は，関係精神分析の立場に立つブロンバーグ Bromberg, P. M. の考えと類似している。ブロンバーグによれば，直接的に表象レベルの変化，すなわち「『私が誰なのか』についての個人的ナラティヴ」（Bromberg, 1998）の変化が起こることはない。精神内容への表象的な直接の言及，すなわち解釈によって表象レベルの変化が起こることはない。彼は，表象レベルの変化が起こるためには現実の経験が必要であり，それはしばしばエナクトメントを介して起こると論じる。そして精神分析の展開のきっかけが分析家の思考のプロセスの自己開示であることは稀ではないとする。彼によれば，それまではエナクトされてしまっていた分析家自身の中の複数の知覚的・情緒的状態（彼の論じるところの「多重の自己-状態 multiple self-states」）に分析家が気づき，それらをエナクトする代わりに内的に同時に許容すること，言い換えれば精神内葛藤として感じることができるようになることが精神分析の転機である。

　同様の立場から，ミッチェル Mitchell, S. A. は同様の行き詰まりについて論じた（Mitchell, 1997）。彼が問題としたのは，解釈を解釈として聞けないような患者の精神分析において解釈という行為自体の持つ関係的意味を考えることだった。ミッチェルによれば，どのような解釈であっても，それを発する分析家は解釈が行われる分析の文脈に再び組み込まれていく。したがって，解釈を行う特別な場所があると考えることは，履いているブーツに付いているつまみ革で自分を持ち上げるようなものだという。この問題を彼は「ブーツのつまみ革問題 bootstrap problem」と呼んでいる。すなわち，関係性の中に十全に浸かっていながらも，解釈をするために立脚することの可能な特別なプラットフォームを持ち得るのだろうか，という問題である。ミッチェルの見解は，ブーツのつまみ革問題をかわす一般的な方法はなく，ブーツのつまみ革問題が患者と分析家の間の個別の関係性に由来するというまさにその理由のために，その解決策も個別に考えられなければならない，というものだった。彼が一例として提示しているケースでは，分析家は自分自身の中に生じている膠着感を患者に伝えている。さらに，自分が患者の立場な

らば，どのような質問を自らに問うかを患者に説明している。そのことに行き詰まり感が薄らいだが，そこで起こったことは，ブロンバーグの表現を用いれば，ミッチェルの中でそれまでエナクトされていたものが内省の俎上に載り，自身の中で精神内葛藤として感じられることになったことを患者に自己開示したことだったと言えるかもしれない。

本事例における行き詰まりについて

　ここまでの理論的考察をベースに，本事例における行き詰まりについて考察したい。X年に息子との衝突が増す以前，Aは大きな心理的破綻には至らない程度の安定性を維持していた。このぎりぎりの安定性は周囲の者の屈服感の上にかろうじて成り立っていた。そのような屈服感を息子が引き受けることを拒否し始めたために，Aの中のなけなしの安定性が乱され，Aは混乱し，私を訪れることになったのだろう。Aは治療に非常に協力的であり，発話はとめどなく続いていた。しかしそれは精神内容の自由な連想というものではなかった。むしろそれはAの中で既にまとめられた物語を私に報告する行為だった。このことはカウチの使用によっても大きく変わることはなかった。

　息子との葛藤に満ちた自宅での生活とは違い，治療の場は当初Aにとって安住の地であった。そこではAの倒錯的な関係性，すなわち習い事の先生との間で，あるいは息子との間で繰り返されてきた関係性が報告されたが，私はAとの実質的な関係性を持たない対象として扱われていた。私はAの精神内界における倒錯的な対象関係を遠くから見ている対象以上の存在ではなく，洞察を促すような私の解釈は速やかに否認されてしまった。当初Aの抑うつ感，不安感は比較的速やかに改善したが，それは私に報告することによるものと思われた。私はしかし，別の心的生活を持つ人間としては扱われていなかった。Aはそのような意味での対象として私を見なすことでそれなりの内的安定性を取り戻していたわけであるが，私の解釈に対してAが関心を示さない状態が続き，私とAの間の関係性は希薄なままの時期が続いた。私の解釈に対してAが関心を示さないことは，例えば私の解釈に対して「正しいのか間違っているのか考えもしません」とAが応じたことに端的に現れている。バスの言うところの「表面の防衛」が私に向けら

れる状況が続いた。すなわち起こっていることの深層の意味を知ることを拒む防衛である。この防衛をうまく認識することも扱うこともできないまま，やがて A にとって私との面接は，現状の維持，および「最終的な答え」を私からもらうための無期限の待機の場と化してしまった。

エナクトメントの気づきとその乗り越え

A にとって，解釈とは服従するか拒絶するかの二者択一を迫るものだった。解釈を引き受けることは，そもそもそのような解釈が生じてしまうようにしか自分が振る舞っていないということを意味するために，患者の中に耐え難い自責感を引き起こした。ジョセフ (1989) は，このような場合，患者が解釈に対して持っている関係性そのもの（例えば本事例の場合，服従するか拒絶するかの二者択一を迫るものとしての解釈という関係性）を解釈することが有効であることを論じた。しかし本事例においては，そのような解釈の試みも奏功しなかった。

私は，このような状況を私および患者の双方のエナクトメントとして理解したことが治療の転機となったのではないかと考える。私は正しい答えを持っていてそれを要求する先生/親という役割をエナクトしており，A は，正しい答えを見つけようと懸命になっている A/子供という役割をエナクトしていた。そのような状況とリンクしていたのが，A による「表面の防衛」，解釈への抵抗であった。

関係精神分析は，解釈に二つの次元を認める (Stern, 2010)。一つは，意味付与，説明の次元であり，もう一つは解釈を投与するプロセスそのものの次元である。後者は，解釈を投与すること，投与されることを巡っての経験そのものの次元である。解釈は，関係性をその対象として取り上げるのみならず，関係性そのものの表現でもある。このような考え方に従えば，解釈に対する抵抗とは，解釈の内容を受け入れられないために生ずるのみならず，治療者との関係性のあり方そのものに対しての抵抗でもある。このような考え方は，抵抗とは陰性転移そのものであるとするクライン派の考え方に通ずるものである (Hinshelwood, 1991)。

それでは，抵抗についての関係精神分析の考え方は，クライン派のそれとどのように異なるのだろうか。違いの一つは，関係精神分析においては，精

神内容，相互交流，治療状況の把握などについて，クライン派と比べて，治療者の特権的な観点が一層疑問視されていることである。関係精神分析においては，治療者の無謬性は前提とされていない。むしろ，そのような無謬性を前提とする治療者の姿勢そのものが，ある特定の関係性を示唆すると理解される。本事例においても，患者との関係性についての私の理解は，私と患者双方のエナクトメントの生成に遅れて生じた。しかしこの遅れ自体は必ずしも問題ではなかったと私は考える。関係精神分析が論じているのは，「『理解』されることではなく，『知られる』こと，『認められる』こと」(Bromberg, 1998)を必要とする患者が存在するという事実であり，そのような患者にとっては，「エナクトメントが起こる対人関係的な（インターパーソナルな）解離的文脈」(Bromberg, 2006)の探求が大切だという考え方である。内的世界が変更されるためには，まず，患者の自らのあり方が治療者との関係性を通して十分に展開される（エナクト）されることが必要であるという可能性がここに示されている。したがって，理解に先立って，エナクトメントを通して患者が自らを「知られる」過程が起こることは必ずしも問題ではない。

　本事例で私が行った介入について，エナクトメント論を用いてさらに考えてみたい。治療の行き詰まり感の増大にもがき苦しんでいる間に次第に私が理解したことは，患者は抵抗しているように映りはするものの，そのような形でしか治療に取り組む術を知らず，しかし懸命に努力しているということだった。またそのような患者の態度に呼応して，私も正しい解釈を用いて正しい分析をしようとますます努力していた。私はそれまで，解釈をすることで関係性を扱っているつもりでいながら，患者にとって馴染みの関係性を繰り返していた。このような状況の総体が，双方の相互交流の結果のエナクトメントに他ならないことを私が認識すると，新しい可能性が見えてきた。それが治療経過の中で報告したような介入につながったと私は考える。

　行き詰まりが和らぐきっかけとなった瞬間において私が連想していたのは，患者の最早期の記憶，すなわち父親に乗せられた自転車が倒れていく光景だった。この治療においても患者はいつの間にか高い自転車の上に一人残された気がしていたのかもしれないと思いながら私が試みたのは，正しい真実としての解釈を告げるという役割を少なくとも一時的に棚上げして，患者

にとって今のやり方が精一杯のものであることを認めることだった。そしてもし治療が思うように上手くいっていないとしたら，それは私の責任でもあることを明確にすることで，治療が共同作業であることを示そうとすることだった。その結果，患者と私の双方の中で，患者としてそして治療者としての不完全性を許容し分析を共同作業として認識することが一層可能に感じられてきた。このような介入により，患者は私との関係性が自動的に倒錯的なものに陥ることを恐れる必要がないことを体験したのではないだろうか。患者の正しさへの願望と，私の正しさへの願望が，不毛な一者的空回りとなることなく，生産的なペアとして結びつくことが可能であることが理解されたとき，Aは「表面の防衛」に訴える必要がなくなり，治療の行き詰まりが和らいだと考えられる。

以上のような臨床的スタンスは，先に論じたブロンバーグやミッチェルの立場に最も近い。しかしミッチェルが言っているように一般的な解決はないのであり，本事例における方法もミッチェルの場合とは同一であるとは言えない。ただ，ミッチェルのアプローチと類似していたのは，治療者による言語的介入が，真理の説明ではなく関係性の展開の機会を与える機能を果たすことを目的としていたことだと考える。

おわりに

以上，患者が解釈に抵抗を示したために行き詰まりに陥った事例において関係的なプロセスに分析家が気づき，その気づきを生かした介入を行ったことが転機となった治療の一局面を論じた。本章の意図は標準的な精神内界の分析技法の否定では決してない。しかし，精神内界の探索の前に関係的な抵抗を先に扱うことが必要であることは稀ならずある。精神内容の解釈のみならず，分析プロセスへの関係の解釈をも受け入れることのできない患者など，解釈への抵抗が全般化している場合，内容に関するものであれプロセスに関するものであれ，何かを言い当てるということのみで乗り越えることは難しく，内的関係性の現実化としてのエナクトメントの扱いを介して関係性が展開していくことそのものが変化の契機となり得る。そのことの一例として本事例を提示した。

文　献

Bass, A. (2000). *Difference and Disavowal : The Trauma of Eros*. Stanford : Stanford University Press.
Bromberg, P. M. (1998). *Standing in the Spaces : Essays on Clinical Process, Trauma, and Dissociation*. New Jersey : Analytic Press.
Bromberg, P. M. (2006). *Awakening the Dreamer : Clinical Journeys*. New Jersey : Analytic Press.
Freud, S. (First German edition : 1927). Fetishism. *The Standard Edition XXI*. London : Hogarth Press, pp. 147-158.
Gray, P. (2005). *The Ego and Analysis of Defense*. Second Edition. New York : Jason Aronson.
Hinshelwood, R. D. (1991). *A Dictionary of Kleinian Thought*. London : Free Association Books.
Joseph, B. (1989). *Psychic Equilibrium and Psychic Change*. London : Routledge.
川谷大治（2002）．抵抗．小此木啓吾（編集代表）　精神分析事典．岩崎学術出版社，pp. 349-350.
Mitchell, S. A. (1997). *Influence and Autonomy in Psychoanalysis*. New Jersey : Analytic Press.
岡野憲一郎（2002）．エナクトメント〔行動に表れること〕．小此木啓吾（編集代表）　精神分析事典．岩崎学術出版社，pp. 41-42.
Steiner, J. (1993). *Psychic Retreats : Pathological Organizations in Psychotic, Neurotic and Borderline Patients*. London : Routledge.
Stern, D. B. (2010). *Partners in Thought : Working with Unformulated Experience, Dissociation, and Enactment*. New York : Routledge.

第8章
分析家の意図と分析プロセス

分析状況と分析家の意図

　レヴェンソン Levenson, E. A. が「理解という誤謬 The Fallacy of Understanding」(Levenson, 1972) の中で，分析家の臨床的意図が悉く関係性の渦に飲み込まれていくということ，すなわち分析状況におけるエナクトメントの不可避的遍在性の問題にわれわれの注意を喚起したとき，彼の周囲の分析家たちは彼の論の鋭さに感嘆しつつも当惑の想いを禁じ得なかったという (Stern, 2013，私信)。もしレヴェンソンの言う通りであるならば，すなわち分析的理解に達したという分析家の認識自体もまた，分析家と患者の関係性のあり方の一つの現れに過ぎないのであるならば，精神分析をすることなどそもそも不可能ではないか？　少なくとも理屈上はかくも不毛な帰結をもたらし得るレヴェンソンのこの指摘は，逆説的であるが米国の関係論的な治療論の出発点の一つである。その後米国において精神分析が臨床的に不毛化していったということは，もちろんない。むしろ精神分析は，複雑化の波に揉まれつつも，臨床的応用力を増していったと言ってよいだろう。
　そしてその過程において重要だったのは，分析家の臨床的意図と精神分析技法との関係を根本から問い直すことであった。現在では，精神分析技法を論じる際の焦点は，ある特定の技法の目指すところが実現されるか否かよりもむしろ，技法の背後にある意図の方に移ってきている (Tublin, 2011)。すなわち，精神分析技法が目論見の通りになるか否かに関してよりも，そもそもそのような技法を選ぶ意図そのものを問うことが重要であるとされてきている。理論と実践の関係の複雑さが問われてきている。

第8章 分析家の意図と分析プロセス

　客観的真実あるいは事実を提示しているものとして精神分析理論を考え，それをあたかも客観的な道具であるかのように見なして臨床状況に適用することもできるのかもしれない。もしそうならば，理論はわれわれが分析家としてなすべきことを決定することになる。一方，理論は事実を表しているのではなく，われわれを方向付ける一種の原則に過ぎないのかもしれない。だとすれば，われわれが何をするべきなのか，あるいは自分がしていることをわれわれがどのように理解するのかは，理論によって決定的に規定されるわけではないことになる。理論はわれわれをある特定の方向に導いてくれるだろうが，われわれはその上で，自分自身で，患者と共に，最終的な目的地を見つけなければならない。

　この問題に関する精神分析的議論の前に，少し迂回し，精神分析以外の領域の貢献に触れておきたい。意図と行為の関係については，哲学などの周辺領域において既に深く議論されているところである。精神分析理論は臨床的体験にもとづくべきものであり，思弁的営みとは間接的関係しか持たないが，周辺領域における議論を参照することで，われわれは精神分析的議論を整理しやすくなるだろう。

　オーストリア生まれの哲学者ウィトゲンシュタイン Wittgenstein, L. は，われわれの日常の言語的活動に関して刺激的な，挑発的ですらある思索を繰り広げた。簡単に言えば，彼は従来信じられていた因果関係をさかさまにしたのである（Cavell, 1988）。ウィトゲンシュタインは，われわれの言語的活動の元となる精神的経験や内的感覚が先に存在するというわけではない，と論じた。そうではなく，われわれの言語的振る舞いが先にあり，それが精神的経験や内的感覚をもたらすのである（Wittgenstein, 1965 ; Cavell, 1988）。それは次のようなことである。われわれが言葉を発するとき，その前に既に何かをこころに思い描いているのかと言えば，必ずしもそうではない。「今日は何も浮かばない」と患者が分析家に告げるとき，それはこころの中が空っぽであるという事態を描写しているのではなく，分析家に何事かを伝えようとしているのである。内的事態ではなく，言葉そのものが先に来るのだ。言葉は何か所与の事態をそのまま精密に模写するためのものではなく，自分と相手に何事かを伝えるような活動であり，ウィトゲンシュタインはこのことを「言語ゲーム」という言葉で表現した。

ウィトゲンシュタインの考えを念頭に置きながら，分析状況についてもう少し考えてみよう。ある特定の分析技法を用いよう，処方しようという決断は，何らかの精神的経験あるいは内的感覚が先行していて初めて可能になることである。もしそのような精神的経験が先行していないのだとしたら，分析のルールを適用することなど一体できるのだろうか？　ウィトゲンシュタインの「言語ゲーム」は，分析家の行いは常に内的経験と同時的に起こっているのであって，従うべき分析的処方があるのではなく，分析家の行為（解釈という行為も含まれる）があるだけだという可能性を示している。分析的処方や分析的ルールは，これらの行為を言葉に落とし込むことによって理解可能になるのであって，最初にどこかにそのような処方やルールがあって，それを言葉を通して表現しているのではないのかもしれないことにわれわれは留意すべきであろう。

　もう一人，英国の言語哲学者オースティン Austin, J. L. の発話行為論もまた重要な貢献である。オースティンは発話の機能を事実確認的機能 constative function と行為遂行的機能 performative function に分けた（Austin, 1975）。事実確認的機能とは，発話の記述的な機能側面のことを指し，一方行為遂行的機能とは，発話という行為そのものによって発話内容によらない何事かを達成しようとするものである。

　このことはもちろん，精神分析臨床では既に広く知られていることではある。例えば，「時間ですね」と分析家がセッションの終わりを告げるとき，それはある時間になったという事実を伝えているだけではもちろんない。それは「時間になったのでわれわれの作業を終わらなければなりません」ということを通常意味する。しかしそればかりではなく，患者はそこにさまざまな行為遂行的機能を見出す。ある患者は「早く出て行ってください」と分析家が言っているのだと空想するかもしれない。他の患者は「私とあなたはお金だけの関係で，私はあなたのこころには関心を持っていないんです」ということを分析家が言っていると感じるかもしれない。もちろん，このように，意図した内容が意図した内容として伝わらない，という事態を，別の内容として解釈するという手はある。しかしその内容もまた，意図した内容として伝わらず他の意味を持ってしまう可能性がある。

　大切なのは，言葉に意味を伝える行為は意図通りにはならない可能性，一

種の無限後退に陥ってしまう可能性を持っているということを認識しておくことだろう。すなわち，意図した内容が伝わる代わりに発話の行為遂行的機能のみが作動してしまった場合，その事態を別の発話行為によって回収しようとしても再びその発話の行為遂行的機能によって干渉されるということである。

　オースティンの発話行為論は，精神分析理論と実践の関係を考察する上で役立つ。分析家の発話によってもたらされる意味の全体は，その言葉によって何が指されているのかではなく，発話の行為的側面および文脈によってもまた左右される。ヘイヴンス Havens, L.（1997）は，分析における言語の発話行為的側面について論じた。彼は，分析的規則に含まれる行為遂行的機能の存在のために中立性や匿名性などの分析的概念が抱えざるを得ない内在的問題を「行為遂行的矛盾」と呼んだ。例えば，分析家が患者に自由連想を指示するとき，そこには自由であれ，という命令としての意味が生じてしまうため，分析状況には矛盾がつきまとう。ヘイヴンスは，分析家であれ患者であれ，分析プロセスを導いていく究極的な権威を持っているわけではないのであって，そのような権威は分析的対話そのものに委譲されるべきであることを論じている。

　以上，精神分析的議論の参照枠としてウィトゲンシュタインとオースティンの言語哲学を概観した。精神分析的議論は常に臨床的発見の上にのみ成り立つものであって，哲学的議論が精神分析に直接の影響力を持つということはない。しかし参照先としての哲学は重要である。

　次に，分析家の意図と分析プロセスの関係をさらに論じるために臨床素材を提示する。その上で，それについて臨床的に検討する。その後で，再び理論と実践の関係の議論に戻り，臨床素材を理解したい。

臨床素材

　40代男性K氏は大手企業の優秀な社員だったが，社会的場面で絶え間ない不安に苛まされ，内心は満たされず長年生きてきた。職場のミーティングで話をしなければならないことがしばしばあったが，表面的には手際よくこのような状況を乗り切りつつも，内面ではとても不安だった。内面の不安を

少しでも意識してしまうと，彼はもっと不安になった。そこで彼は私の所属する治療機関を訪れ，不安を取り除いて欲しいと訴えた。診断面接の後，私は彼の不安症状の背景には性格的な困難があり，自分の能力を超えて自分自身をコントロールしたいという非現実的な願望を彼が抱いていると考えた。私は，彼の性格病理および不安症状を扱うためにはインテンシヴな分析的作業が必要だと考えた。話し合いの後，私たちはカウチを用いて週3回の頻度で会うことになった。

　K氏の父親は実業家として成功した人物で，出張で家を空けることが多かった。彼の父親はカリスマ性を持っていた。父親の部下や親戚は父親を大いに慕っており，K氏は父親を誇りに思っていた。しかし父親は出張で不在がちだったため，家ではあまり見かけることはなかった。出張から戻った父親は，まるで他人のように見えた。

　K氏は，父親にほとんど誉められたことがなかった。稀に，父親が自分について言っていたことを母親から耳にするのみだった。父親に認められたとK氏が感じることができたのは，母親の口を通して父親が自分を誉めていたと聞いたときだけだった。例えば，次のようなエピソードがあった。大学生の頃K氏は所属していたクラブのキャプテンに選ばれた。喜んだK氏はそれを父親に報告したが，父親はほとんど反応せず，K氏はひどく落胆した。その後しばらくして，彼は母親から，父親が実際はK氏の技量にいたく関心していたことを聞かされ，大いに安心した。

　母親は愛情深く，家事を整然とこなす几帳面な人だった。母親との関係は悪くはなかった。しかし，自分と家族の世間体をやたら気にする傾向があるのがK氏は嫌だった。母親はしばしば彼に，近所で一番成功している実業家の息子として，近所の人々の期待に応えるように家の外ではきちんと振る舞うようにK氏に言った。

　職場でも内心不安で一杯だと言うK氏だったが，彼は実際には自己主張のはっきりした，そしてとても愛想の良い人として職場では知られていた。彼は頭脳明晰で決断力に秀でており，上司や同僚たちから高く評価されていた。彼のキャリアはこの先安泰であるように思われた。自信に満ちた外的な立ち振る舞いと内的な不安定さの食い違いが際立っているという印象を私に与えた。

第8章　分析家の意図と分析プロセス

　K氏の妻との関係は，私たちがよく話したテーマの一つだった。フルタイムの仕事を持っていた妻は，職場では有能であり，彼はそんな彼女を尊敬していた。二人は仲良くやっている時も少なくなかったが，時に酷い口論に及んだ。それは例えば，子供の躾を巡っての意見の食い違いをきっかけとした衝突だった。口論の際彼は自分の意見を主張することが困難で，代わりに妻の意見を貶し，やがては怒りながら自室に引き籠ってしまうのだった。その後彼は情緒的に孤立してしまうのだったが，彼はそれについてどうしてよいか分からないでいた。

　彼が報告した次の夢は，妻との間の困難に関係していると思われた。夢の中で彼は，会合から帰るところで，高さが数十メートルもあるような座席を持つ，しかし荷台のないトラックに乗っていた。重心が高いため，不安定だった。そのトラックの横には誰かの車が止まっていて，トラックを出しにくかった。トラックのブレーキが利かず，結局辺りの車を何台か引っかけてしまったことを彼は後になって駐車場の管理人から言われた。

　この夢について話し合った後，私たちは次のような理解に至った。夢の中のK氏の視座はあまりに高すぎて，誰も視界に入っていなかった。誰かがすぐそばに居るというのに（「横には誰かの車が止まって」いるのに），その人が見えず，第三者（「駐車場の管理人」すなわち治療者）によって初めて自分が辺りの人（彼の妻や家族）を傷つけてしまったことを彼は伝えられたのだった。私はまた，この夢は彼が妻から情緒的に孤立していることを示しており，それは彼の料簡の狭さと関係しているのだろう，そしてその結果妻とのコミュニケーションが難しくなっているのだろう，とも解釈した。私たちは，妻との関係の重大な障壁となっている彼の自己愛的な自己中心性の問題を繰り返し扱っていった。

　彼の妻との関係は容易には改善しなかった。しかし，彼が妻を少しずつ違う風に経験し始めていたのも事実だった。以前は，彼は妻との葛藤を扱えずにただ苦労していた。彼は彼女に対して侮蔑的になり，怒りのうちに引き籠るのだったが，それによって彼女もそして彼も傷ついていた。それは夢の中の駐車場の状況と似ていた。彼は自分を余りにも高く位置づけていたために周囲の車が見えず，あるいはもしかすると見ることを恐れており，知らずに辺りの車を傷つけてしまっていた。今や彼は妻を，自分とは異なる意見を持

つ人間として，欠点や弱点は持っているかもしれないが，それでも自分にとって重要な人間として考え始めていた。彼女との衝突を以前よりも耐えることができるようになり始めていた。彼は次第に意見の違いについて彼女と交渉することができるようになっていた。

　K氏は，目上の権威的男性との対人関係にも困難を抱えていた。彼は，会社の上司や年上の同僚たちに一目置かれ，受け入れられたいという強い願望を持っており，彼らに評価されないと酷く不安になるのだった。彼が報告したある夢は，彼のそのような困難と関係しているように思われた。夢の中で彼は，職場の会合に出席していた。彼の上司が彼に何かをするように言ったが，彼はそれを，自分が何に向いているのかを書き留めるように言われたと理解した。彼は，自分は非常に重要な人物を助けて「ナンバーツー」の役を果たすのに向いている，と書き始めた。しかし夢の中で彼はその質問の目的が何なのか理解できないでおり，夢は彼がまだ書いている途中で終わってしまい，彼は当惑したままだった。

　私は，この夢は彼と目上の人物との日頃の関係の在り方を表していると解釈した。彼は能力のある人々と一緒にいるのを好み，彼らに認められることを欲していた。彼は必ずしも彼らのようになりたいと思っていたわけではなかった。彼はただ「ナンバーツー」の役を楽しんでいたのだった。しかし同時に，彼は彼らが実際に彼をどう思っているのかが分からず，それを思案しては消耗していた。夢の終わりにかけての彼の当惑は，目上の人物のこころが読めないことを巡る不安の表現であり，彼は実際それに苛まされていた。

　面接室の外の関係性を巡る彼の困難と並行するように，面接室の中においても，ある特有の関係性の布置が形成されてきた。治療早期から，K氏はカウチに横になる前に，そしてカウチから起き上がった後に私と他愛ない世間話をしようと試みるのだった。私は，ごく短くそれに反応するのみで，それ以上に応じることはなかったが，その試みを止めるように言うこともなかった。彼がなぜそんなことをするのか私は思案したが，彼にそれについて直面化はしていなかった。彼がそのような話に私を誘おうとするとき，どこか不自然な感じがした。カウチの上では，彼は世間話をしようとすることはなく，私について個人的な質問をすることもなかった。私はこの全体状況の分析的意味について考えた。

ある日彼は，治療が始まって以来，私が「プレーン」だと感じていた，と述べた。私は「プレーン」とはどういうことか彼に尋ねた。彼は，私は彼に良くも悪くも何も望んでいないのではないかと想像している，と言った。さらにこのことの細部を聞いていくと，私は彼にとって，一種のブランクスクリーンとして映っていたということが分かった。彼は「まるで教会での告白の感じ。要は神に対して話している感じで」と言った。彼は特に宗教に入れ込んでいるわけではなかったが，そのように譬えるしかないとのことだった。

　彼は私をプレーンな存在と経験していることは，望ましい中立的な分析的態度をきちんと保つことに私が成功していたと考えることもできたのかもしれない。しかし事情はもっと複雑だと私は思った。第一に，彼にとって私がプレーンだったことは，刺激がないことでも匿名性でもなかった。まったく反対で，私のプレーンな態度は彼個人にとってとても刺激的なことで，それによって強い転移性反応が彼の中に引き起こされたのだった。すなわち，面接室は告白の小部屋に代わり，そこで彼は，どこかにいるものの直接はそこにはいない究極的な権威を持つ人物に話をするのだったが，それは彼の父親との関係を彷彿とさせるものだった。第二に，カウチの上での彼の態度とカウチを離れての彼の態度の間には鋭い食い違いが存在しており，彼の転移性反応の理解のためには，そのような状況を考慮する必要があると私は考えたのだった。

　私は彼に，私がプレーンと感じられることへの彼の反応は，子供時代父親が不在だったために父親が自分のことをどう思っているのか父親に直接聞くことができなかったことへの反応と同じだ，と解釈した。私はさらに，彼は私に二つのモードあるいはやり方，すなわちカウチの上でのやり方とカウチを離れてのやり方で私に接しており，それは昔彼が父親との間で経験したことと関係している，と解釈した。カウチに横になる前，そして起き上がった後に彼が私に話しかけたくなるのは，私が彼をどう思っているのかを私から何とかして引き出そうという試みであって，それはそうする以外に方法がないと彼が確信しているからだろう，と私は彼に伝えた。過去において，彼の父親は近づくことの難しい存在であったために，父親が彼をどう思っているかを知るためには，母親を通すしかなかった。分析中の私への関わり方の二

つのモードは，私とコミュニケーションを持とうとする直接的な試みと間接的な試みを意味していた。そしてこの二つのモードの間のスプリットは，彼の両親との関係に由来するものだった。このスプリットは上手く機能しておらず，それは，彼の表面上の愛想の良さと内的な不安定性との間のスプリットがうまく機能していないのと同じことだった。

　K氏は私の解釈に静かに頷いた。分析作業をさらに続けていくと，彼の不安の原因がもう少し明らかになってきた。彼の不安は，彼が話をするときに聴衆の反応が直接は分かりにくいという点で，彼の子供時代の父親との経験と似通ったところがあることと関係していると理解された。子供時代の彼はその気持ちを言葉にすることはできなかったわけであるが，私たちは続けて，彼が子供時代，父親を落胆させることをいかに恐れていたのかを話し合い，さらに，彼が治療開始以後私を落胆させないようにといかに気を遣っていたかを話し合うことができた。

考　察

　分析が進むにつれて，K氏は私を，彼に何ら望んでいない人物として経験し始めた。彼が知覚した私の「プレーン」さは，彼の内的心理を映し出す「鏡」(Freud, 1912) としての役割を果たす代わりに，告白をする相手としての神のごとき対象として私を見なすという転移性反応の展開を刺激することになった。分析を取り巻く状況の全体を，彼の私に対する二つの対照的な関わり方のモードを表すものとして理解し，批判的に検討した上で解釈に取り入れることが重要だった。私は以下に，なぜ私がプレーンな，ブランクスクリーンのような人と呼ばれることに満足するべきではなかったのかについて，さらに論じることにする。

　われわれがここで理解すべきなのは，私がどのように振る舞っていたのかだけではなく，私がこの特定の分析的コンテクストの中でどのようにしてプレーンな人物として知覚されるに至ったのか，そしてそれがK氏にとってどのような特異的意味を持ったか，である。私が十分プレーンでなかったことが問題だったとは思わない。私のプレーンさに**質的**あるいは**量的**な問題があったわけではないだろう。言い換えれば，私のプレーンさの内容に問題が

あったのではないだろう。私は，K氏の転移性反応を引き起こしたのは，私のプレーンさの背景にあるコンテクストであり，したがってわれわれが理解すべきは，私のプレーンさが形成されていったプロセスであると考える。

　ここで**コンテクスト**あるいは**プロセス**に含まれるのは，面接室におけるわれわれのやり取りの総体的状況であり，カウチの上とカウチの外でスプリットされた二つのコミュニケーションのモードであったが，それらはK氏の年来の両親との経験が再演されたものに他ならなかった。私への転移性反応の中で再演されていたものは，父親との彼の経験だけではなかったということは重要である。もちろん，彼の転移性反応は父親転移の様相を呈していた。しかし同時に，そこには母親転移の要素もあった。彼がカウチの外で私に話しかけていたとき，それはあたかも，父親転移の対象としての私と話をしようとしたもののそれに失敗して，そこから戻ってきて，カウチの外で別の私に話しかけているかのようだった。そうすることで彼は，父親から反応を引き出そうとしてそれに失敗するという辛い経験から立ち直ろうとしているかのようだった。その時私は，彼の痛みを和らげようとする母親の機能を果たしていたのだった。この母親転移の要素を見逃すことは，転移のコンテクストを十分に考慮しないことに他ならない。

ブランクスクリーン概念

　K氏の治療における私がプレーンさの議論と関連して，ここでブランクスクリーン概念について論じることにする。この概念は最初，フロイト(1912)が分析家に要請される「鏡」のような機能について論じたときに最初に言及されたもので，後の分析家たちによってさらに練り上げられていったものである。

　ブランクスクリーン概念に対しては，数多くの批判的論考がある。ホフマンHoffman, I. Z. (1983)は，それらを概観した上で，ブランクスクリーンの妥当性に疑問を投げかけている。ホフマンによれば，ブランクスクリーンに対する批判は，保守的な批判とラジカルな批判の二つに分けられるという。保守的な批判とは，分析家についての患者の非転移性の認識に対して，あるいは分析家の「実際の」特性に対して，分析家が十分に注意を向けていないことを批判するものである。一方ラジカルな批判とは，そもそも分析家

についての認識を非転移性のものと転移性のものに二分することそのこと自体を根底から疑うものである。言い換えるならば，ホフマンは，ブランクスクリーン概念の背後には，神経症的な転移性の経験と非転移性の経験を区別することができるという暗黙の想定があることを示したのであった。

　ホフマンがブランクスクリーン概念を論じたとき，彼が注目していたのはブランクスクリーンの**内容**であった。ホフマンが示したのは，ブランクスクリーンの内容は，単にブランクであるだけではなく，ずっと複雑だということである。一方，私はK氏との経験を通して，分析家がブランクと化していく**プロセス**に注意を向けた。重要なのは，患者が私をブランクであると経験したか（内容的側面）ということだけではなく，彼が私をどのようにしてブランクであると見なすに至ったのかということである（プロセス的側面）。

　ブランクスクリーンの内容にのみ注目することの危険性は，これまでも論じられてきた。例えば，エルマン Ellman, C.（2011, p. 158）は，ブランクスクリーンは空想が現れるのを促すために必要なのではなく，「治療者（および患者）が患者に集中し続けるための一貫した枠組み」であると述べている。またトゥルーアニート Treurniet, N.（1997）は，ブランクスクリーンによって意図される分析家の匿名性は，主に不必要な侵襲を避けるためのものであって，転移の展開を妨げるコンタミネーションを防ぐためのものではないと論じている。分析家のブランクさのプロセス的側面を探究することが重要であるという私の議論は，彼らの議論の延長線上にあるといえるだろう。

患者の受け身性と分析家の意図を再検証する

　分析家の中立性と匿名性の重要性を強調する分析家は，そのような分析的態度をとることによって患者の内的世界が分析家に投影されやすくなると考えている。そしてそのようにして，今-ここでの分析状況を通して患者の内的世界の分析を進めることが可能になると想定している。しかし，分析家の分析的態度が完全に中立であったり匿名であったりすることがあり得ないことは繰り返し指摘されていることである（Hoffman, 1983 ; Stolorow et al., 1987 ; Wolstein, 1994）。私は，分析家が少なくとも**部分的には**中立性と匿名性を達成することはできると考えるが，その場合ですら，患者が分析家の部分的に中立で匿名の態度に反応しているのか，彼の実際の特性に反応してい

るのかを明確に区別することはできない。実際，分析家は分析プロセスにおいて自分が何を達成し何を達成していないのかを知ることができないのかもしれないのであって，それは分析家が意図した分析的態度を患者がはっきりと肯定したときですらもそうである。

　分析家が意図した分析的態度を患者が単に受け身的に受け取りつつ分析に参加しているのだと考えることは，ホフマン（1983, p.395）が「ナイーヴな患者という誤謬」と呼んだものの一種であろう。ホフマンは，「自分の行動については極めて微妙な言外の意味や無意識的意味を持っていないかが常に詮索の対象となっているにもかかわらず，分析家の行動は額面通り取る」という「ナイーヴな患者」を想定することは間違いであることを指摘した。そして患者の受け身性の想定に対応するのが，分析家の意図の過度の強調なのである。実際，治療関係において分析家自身がどのような態度を取るのかすらも，分析家が完全に自分で決められるものではない。分析家が意図した態度は，分析的フィールドにおいて実現することもあれば実現しないこともあるのであって，実現したように見える場合であっても，われわれは常に二者関係のコンテクストに戻り，コンテクストの上に構築された意味を探さなければならないのである。

理論はわれわれの在り方を処方することができるのか？

　理論と実践の関係の問題に戻ろう。この問題に関しては，グリーンバーグ Greenberg, J. R.（1981）の議論が非常に有用である。グリーンバーグは，精神分析理論には「処方的 prescriptive」側面および「記述的 descriptive」側面という二つの対照的な側面があることを指摘した。理論の処方的側面は，理論を客観的事実であるかのように扱う。精神分析の実践とは，そのような理論にしたがってわれわれがなすべきことを処方し続ける営みであることになる。分析において起こることは，そのような処方の結果であるとされる。

　一方，理論の記述的な側面は，理論を，分析において起こりつつあることを記述する限りにおいて有用であると捉える。このように理論を考えるならば，ある一つの理論によって処方される，ある特定の技法を厳密に実行していたとしても，実際に分析中に何が起こるのかは予想できないことになる。分析において起こることは，とりわけ，治療上本質的に重要なことは，スタ

ーン Stern, D. B.（2010）が論じたように,「自発的 unbidden」な質を持つ傾向がある。

　グリーンバーグは，実際は記述であるにもかかわらず，表向きは処方であるかのように見えるような記述への注意を促している。すなわち，理論によって処方されているとわれわれが思い込んでいるものが実際には記述である可能性がある，ということである。例えば，われわれはブランクスクリーンのような分析家であろうとするかもしれない。そしてわれわれはそのような分析家になることができたと思うかもしれない。われわれは，技法的処方に従ったからこそブランクスクリーンとなることを達成したと思うかもしれない。しかしそれでもなお，われわれは実際はブランクスクリーンのようには振る舞っていないかもしれないのだ。われわれは，理論が自分の態度をそのように記述してくれるという理由だけで，自分が実際にそのような態度を取るに至っていると信じ込んでいるに過ぎないのかもしれないわけである。逆に，ブランクスクリーンになるまいとして，しかしそれにもかかわらず患者がわれわれをブランクであると体験してしまうかもしれないのである。

　理論によって処方される臨床概念を用いて臨床の場で生起していることを理解しようとする際には，われわれはいつも慎重にならなければならない。分析的態度はコンテクストによって大きく影響を受けるものである。それは，理論的枠組みを絶えず参照しつつ，同時に患者−分析家の二者によって作られるフィールドを個別に内省することによって決まってくるものである。

　K氏の事例に戻ろう。私は転移性反応を引き起こすようにK氏を刺激するつもりはまったくなかった。彼の分析家として，私は彼の心中にあるものに注意深く耳を傾け，特定の問題を押し付けたりはしなかった。私は彼が自由に私を経験できるように開かれた態度を維持しようとした。しかし，私の意図した通りには必ずしもならなかった。分析家として何ら特定の刺激を与えないようにという私の意図とは関係なく，私は彼にとって大いに刺激となり，転移性反応を惹起することになった。

　彼の思考と感情に，何ものも欲することなくただ耳を傾けていこうという私の姿勢は，照り返す「鏡」としては機能しなかった。転移に関する伝統的な理解に倣えば，私のブランクさこそが彼の内的対象の世界が面接室内に展

開されることを可能にしたと言うこともできるのかもしれない。しかしそうだとしたら，なぜ彼はカウチの外で私とおしゃべりを試みたのだろうか？そのような転移要素ですらも伝統的な理解によって説明することも可能だとは思うが，カウチの上とカウチの外の両方において現実的な刺激として面接室の中で起こったことを考慮に入れ，この事例をコンテクストの面から理解する方が，より良く，より豊かな理解をもたらすと私は考える。もし私が自分は何の刺激も与えていない分析家であると自分を見なしてそれに満足してしまっていたら，私はK氏とわたしの関係の本質を見誤ってしまっていたかもしれない。

おわりに

　本章で私は，分析のプロセスにおいて私が次第に一種のブランクスクリーンとして見なされていった様子を描いた。しかし注意深く考えると，それは通常望ましいとされている分析的態度が達成されたことを意味しているわけではないと私は考えた。それはむしろ，複雑な転移の現れであった。複雑な臨床状況を理解するためには，理論と実践の関係を批判的に検討することが非常に重要であった。そうしなければ，理論から導かれる通常の理解に誤って辿りついてしまっていたかもしれない。
　私は，分析家の態度を患者がどのように体験するのかは，処方された技法を用いているかどうかとは関係なく，分析家が，患者特有の個性を汲みつつ全体のコンテクストを視野に収めながら患者の体験を理解しているかどうかにかかっていることを示した。このような努力なしには，分析家は患者が自分をどのように体験しているのかを見誤り，最も繊細な理解を必要とする患者の部分を誤解してしまうかもしれない。そのような誤解を避けるためには，分析家は分析的理論化における処方的側面と記述的側面の違いをよく心得ておかなければならない。

文　献

Austin, J. L. (1975). *How to Do Things with Words*. Second Edition. Massachusetts : Harvard University Press.

Cavell, M. (1988). Interpretation, psychoanalysis, and the philosophy of mind. *Journal of the American Psychoanalytic Association*, 36, 859-879.

Ellman, C. (2011). Anonymity : Blank screen or black hole. In A. B. Druck, C. Ellman, N. Freedman, & A. Thaler (Eds.) *A New Freudian Synthesis : Clinical Process in the Next Generation*. London : Karnac.

Freud, S. (First German edition : 1912). Recommendations to physicians practising psycho-analysis. *The Standard Edition XII*. London : Hogarth Press, pp. 109-120.

Greenberg, J. R. (1981). Prescription or description : The therapeutic action of psychoanalysis. *Contemporary Psychoanalysis*, 17, 239-257.

Havens, L. (1997). A linguistic contribution to psychoanalysis : The concept of performative contradictions. *Psychoanalytic Dialogues*, 7, 523-534.

Hoffman, I. Z. (1983). The patient as interpreter of the analyst's experience. *Contemporary Psychoanalysis*, 19, 389-422.

Levenson, E. A. (1972). *The Fallacy of Understanding*. New York : Basic Books.

Stern, D. B. (2010). *Partners in Thought : Working with Unformulated Experience, Dissociation, and Enactment*. New York : Routledge.

Stolorow, R. D., Brandchaft, B., & Atwood, G. E. (1987). *Psychoanalytic Treatment : An Intersubjective Approach*. New Jersey : Analytic Press.

Treurniet, N. (1997). On an ethic of psychoanalytic technique. *Psychoanalytic Quarterly*, 66, 596-627.

Tublin, S. (2011). Discipline and freedom in relational technique. *Contemporary Psychoanalysis*, 47, 519-546.

Wittgenstein, L. (1965). *The Blue and the Brown Books*. New York : Harper Torch Books.

Wolstein, B. (1994). The evolving newness of interpersonal psychoanalysis : From the vantage point of immediate experience. *Contemporary Psychoanalysis*, 30, 473-498.

第9章
多元的夢分析の方法に向けて

　夢分析は，フロイトによって創始された精神分析における極めて重要な方法の一つである。夢分析の方法は，夢を幼児的願望の偽装された表現として考えるというフロイトの画期的な考えによって始まった。近年，夢の内容的側面のみならずプロセス的側面について論じようという試みが，特に関係論的志向を持つ分析家によってなされてきた。本章では，夢の相互作用的性質を明らかにする夢分析の方法の発展について探求し，このように拡張された方法の重要性を論じる。理論的議論の臨床的意義を探求するために臨床素材を提示する。

無意識への「王道」から「常道」へ

　フロイトが無意識への王道として夢を論じたことは広く知られている。フロイトの言う通りならば，無意識の系統的な探究の方法である精神分析において，夢分析が実践の中心に据えられることは必然である。そしてフロイトは概ね正しかったと言える。実際，フロイト以降精神分析は多様化の道を辿ったが，今日でも，日々の実践において夢分析が重要であることは変わっていない。
　もちろん，フロイトの「王道」説に対して異を唱える者がいなかったわけではない。夢の「王道」性に向けられた懐疑的視線は，例えば，無意識の顕現の前に立ちはだかる自我の防衛の分析を重視することで知られる自我心理学派の分析家たちの中に見られた。例えば，ブレナー Brenner, C.（1969, 1995）は，一部の夢が無意識の探索に重要な示唆を与え得ることを認めつつ

も，夢分析の持つ魔術性を警戒し，夢という現象全般の価値を過大評価する傾向に警鐘を鳴らした。ブレナーにとって，夢分析によって到達し得る無意識の領域は，他の一般的な精神分析技法，例えば自由連想の流れを緻密に追うことによっても同じように到達可能なのであって，夢が特権的地位を持つ必然性はない。このように，精神分析実践における夢分析の理論的重要性および技法的有用性を巡っての批判的揺れ戻しの動きは確かに見られた。

　しかしそのような動きは，言い換えれば，「王道」以外のルートの存在を指摘するものであり，あるいは「王道」それ自体が一本道ではないことを指摘するものなのであって，夢というルートにわれわれが過剰に依存することがないように注意を喚起するという程度の意味を持つ相対的な批判に過ぎないと言えよう。精神分析的営みにおける夢の特権性は確かに減じたが，分析家は依然として，無意識へと通ずるルートとして夢を頻繁に用いている。夢分析は「王道」から「常道」へと変わったと言えよう。

夢分析における多元主義

　精神分析臨床におけるフロイトの夢分析の方法は，その意義に変更を加えられつつも，連綿と引き継がれている。しかし夢分析の方法の総体に目を転じるならば，フロイトの時代に比べ，遥かに多元的様相を呈している。

　フロイトが夢にアプローチする際に注目したことの一つは，夢の持つ偽装性であった。睡眠中無意識的な心的内容が意識層へと近づくことで，心的装置は，睡眠の維持のために守らなければならない閾値を超えて刺激を受けてしまう可能性がある。夢作業は，心的内容に巧妙な偽装を施すことで，睡眠を妨げることなく同時に無意識的世界の求める表出の窓としての夢そのものを維持する。かくして心的装置の最深部に蠢く幼児的願望は，夢の舞台において，騒擾を引き起こすことなく充足されることになる。

　このようにフロイトは，偽装された無意識という観点から夢を論じ，夢分析の方法を説いた。この観点に基づくと，夢分析の作業とは，夢の偽装の表層すなわち顕在的内容の背後に偽装の深層すなわち潜在的内容を推測し，還元的読み替えを続けることである。「Aが実はBを意味する」（例：家が実は女性を意味する，ペンが実は男性を意味する，など）という，記号の読み

替え作業としての夢分析である。

　しかし今日の精神分析臨床においては，このような読み替えの可能性を模索することは，分析家に課せられた仕事の一部に過ぎなくなった。フロイト的な読み替えの作業に加えて，今日の分析臨床においては，同じ夢を他の複数の観点から検討することが求められている。例えば今，ある男性患者がペンを紛失した夢を語るとしよう。それを男性性の喪失として理解するだけでは，もはや不十分である。フロイト的観点に加えて他に検討すべき観点は多々あるが，例えばその一つは，転移-逆転移関係という観点である。ペンを紛失した夢を報告する男性患者は，分析家に対してどのような気持ちを抱き，どのような態度を取っているのだろうか？　患者は，大切なものを紛失した哀れな自分として分析家に夢を報告しているのだろうか？　あるいは，ペンの紛失の責任が分析家にあると感じ，分析家に非難を投げかけているのだろうか？　患者は分析家との間に，優しくケアする母親とケアされる乳児のような関係性を期待しているのだろうか？　それともサド-マゾヒスティックな関係性が作られることを望んでいるのだろうか？　分析家は自分のペンを貸してあげたい気持ちに駆られているのだろうか？　患者は，フロイト的な，力強く貫通するような解釈を望んでいるために，無防備に分かりやすい素材を提供しているのだろうか？　それに対して分析家は，患者のこころが折れるような万能的な解釈をサディスティックに投与する方向へと誘惑されているのだろうか？　このように，新たに検討すべき観点の中から一つだけ取り上げても，分析のフィールドが無数の問いによって満たされていることがわかる。

　そして，精神分析のセッションが常に構造化された時空間の中で行われるものであることを思い出すならば，すべての観点の要求する問いに答えを用意することなどできないことはもはや自明であろう。実際の夢分析には，患者と分析家による選択が絶えず入り込む。ここにおいて夢分析は，決定論的な枠組みによってのみでは理解し得ないものとなり，患者と分析家の関係性によってその都度規定される関係性のあり方の一つの表現であることが明らかになる。

プロセスとしての夢

　フロイト以降の精神分析家グループおよびその周辺における夢分析理論は，フロイトの方法論を参照した上でそれを拡張ないし批判するというものだった。上述したように，フロイトは願望の偽装とその充足として夢を理解していたが，そのことは，フロイトの主たる関心が夢が意味するところ，夢の意味内容にあったことを示している。したがって，フロイト以降の臨床家たちによるさまざまな夢理論の多くが，夢の意味についての新たな参照点の提供の試みであったことは驚くべきことではない。

　ユング Jung, C. G. が夢を偽装としてではなく「補償」として理解し，フロイト理論への反論を試みたことは広く知られている。ユングにとって，夢分析の作業は偽装を読み解くことではなく，意識化されることのない自己の別の側面を表現することで自己を補償するものである。その意味において，顕在的夢内容はそれ自体として意義がある。ユングにとって，夢分析の後に立ち現れるのは偽装のヴェールの下の素顔ではなく，夢の補償作用によって複雑さを増した，しかし真正さにより一歩近づいた自己の姿である。

　このようにフロイトの方法論は後の臨床家の関心を強力に方向づけたが，そのため，フロイトがあまり注目しなかった夢の側面は後の臨床家にとっても見過ごされやすい傾向があった。フロイトは，夢を無意識からのコミュニケーションであると考えた。しかしフロイトは，夢を患者から分析家に向けられたコミュニケーションそのものであるとあからさまに主張することも，夢分析の作業そのものが患者と分析家の関係性そのものの表現であると主張することもなかった。換言すれば，フロイトは夢が転移−逆転移関係がエナクト（実演）されたものであると考えていなかった。

　夢を多元的に考える上で最も重要なのは，フロイトによって見過ごされていた側面，すなわち夢のプロセス的側面を夢分析の方法に導入することである。こうすることで，夢分析は，(1) 夢の意味的側面，(2) 夢のプロセス的側面，の二つの面から考えるべきものになる。前者は**語られた夢の意味の探求**であり，後者は**夢を語ることの意味の探求**である，と言うこともできよう。この二つが共に満たされることで，夢分析はフロイトの方法とは量的にのみ

ならず質的にも異なる方法を手に入れることになる。

　夢分析のプロセス的側面とは何か？　それは日常臨床において少し注意を向けるならば容易に気づくであろう出来事の背景にも作動している。例えば，夢分析のプロセス的側面の一例は，次のような卑近な出来事の中に現れている。心理療法を始めるに当たって夢を報告するように促すと，夢をまったく覚えていない，と述べる患者が少なからずいる。だがほとんどの場合，分析家が夢を持って来るように繰り返し促すだけで，このような患者の多くは夢をたくさん持って来るようになる。逆に分析家が夢分析をできれば避けたいと思っていると，患者は夢を忘れ，報告しなくなるものである。また，患者が夢を大量に持ってくる場合があるが，それは無意識的情報が大量に存在するということを素朴に表しているわけでは必ずしもない。それは，分析家を前にして，充実した無意識的世界を生きている人間と見なされたい，という患者の願望の表現である可能性がある。このように，夢を報告するという単純な行為の中にも，分析家との関係の今-ここでのあり方が入り込んでいる。

　分析家との関係性と一見無縁であるかに思われる夢の内容もまた，夢分析のプロセス的側面の影響下にある。例えば，分析家の分析理論を患者が暗黙の裡に察すると，分析家の理論によく馴染むような夢を患者が持って来るようになることがしばしば経験される。古典的なフロイト的夢分析を好む分析家には，エディプス状況が歪曲され，潜在化しているような夢素材を患者が持って来るようになることがある。発達早期の母子関係を重要視する理論体系（対象関係論など）に依拠する分析家には，エディプス状況以前の状況を素材とした夢を持って来るようになることがある。このような状況は偶然の産物ではない。夢は患者のこころの深層を反映するばかりではなく，分析家と患者の関係のあり方をも反映する。その意味で，夢分析はある種の相互交流のプロセスである。

夢恐怖症

　フロイトによる夢分析理論とその方法は，夢の顕在内容から潜在内容を読み解くという夢に対する系統的接近法を提示することで，分析家の日々の実

践の強力な助っ人となった。しかしこの助っ人はのちに，その意見の生硬さと狭隘さによって時に分析家を悩ますことにもなった。複雑な記号の読み替えとしてのみ夢分析を考えることは，分析家の役割を心的世界の翻訳者の位置に固定する。分析家は必然的に心的世界の辞書的知識を求められることになる。しかしこの辞書は，その訳語の妥当性が当の辞書を用いた分析作業の結果によってのみ保証されるという性質のものであり，量的な問題のみならず，本質的な問題をも含んだものである。

　その結果生じる現象の一つは，臨床家の間に広く見られる夢恐怖症 oneirophobia である。夢恐怖症とは，臨床の場における夢に対する苦手意識が昂じたものである。患者が夢を報告すると不安と緊張が高まり，何か適切な解釈をしなければというプレッシャーを感じ，さらにはそれでも何とか捻出した自分の解釈に自信を持てないでいるという状態のことである。これは，臨床活動を始めたばかりの臨床家の間のみならず，臨床経験を重ね，さらには分析理論を熱心に学んでいる臨床家の間にも見られる現象である。

　この夢恐怖症は，フロイト的な夢理解の限界を臨床家が直感した結果の一つの表れであろう。夢の潜在内容の解読作業としての夢分析の方法は，それが机上を離れて臨床現場に単独で持ち込まれる場合，今-ここでの臨床の場において生起していることを部分的にしか説明しない。その場合に生じるある種の違和感を臨床家は夢恐怖症として体感するのかもしれない。

　夢の多元的理解は，幾分逆説的ではあるが，夢恐怖症に対する対処法の可能性の一つであろう。夢を複数の観点から同時に考えることの可能性と必要性を考えることで，夢分析には「正答」はなくなる。このことは恐怖症を減ずるのに十分効果があると考えられる。もちろん，夢に複数の意味があり得るということを受け入れるということは，「正答」がないということとは違うのではないか，という疑問は残る。夢に複数の意味があるということは「正答」が複数あり得るということであり，そこには複数の「正答」の間での優劣が生じ得る。そうすると，得られた恐怖症状の逓減は不安の量的拡散の結果に過ぎなくなる。

　しかし，先に挙げたような夢分析を二つの側面から考える夢分析の方法は，夢恐怖症に対して，量的解決以上のものをもたらす。夢分析を，今-ここにおける関係性の展開のプロセスの一つと考えることは，提示された夢に

対する分析家の情緒状態（反応性の，あるいは個人的な）をも夢分析の文脈に直に組み込むからである。すなわち，分析家が夢素材を前に不安になったり，卑屈になったり，あるいは傲慢になったりすることがあれば，それは夢分析という作業一般が分析家をそのような気持ちにさせているというだけではなく，夢の個別内容が分析家の中にそのような情緒状態を呼び起こす何かを包含している可能性，あるいはさらには，そのように分析家が患者の前で感じているという事態そのものが夢分析の対象である可能性を示しているからである。

多元的夢分析の技法

臨床場面において夢を扱うことの実際的困難についてさらに論じることにする。その困難は複数の要因によって説明されるが，上述したようにその一つは，夢分析には複数の切り口があり，かつそのどれもが重要であることだ。夢の機能とその理解は多様である。ブレッチナー Blechner, M. J. (2001) は，夢の機能として，よく知られているフロイトの願望充足説やユングの補償説に加え，感情の調整，夢以外では伝えることのできないことの伝達，言葉にすることのできない思考の構築，新しい意味の創造，などを挙げて論じている。

ブレッチナーが挙げた夢の機能は，そのどれもが，意味的側面とプロセス的側面の両方をある程度含んでいる。だがその程度はさまざまである。例えば，フロイトの願望充足理論は，既に見たように，かなり意味的側面に傾いている。一方，思考の構築としての夢，新しい意味の創造としての夢という考え方においては，プロセス的側面がより重視されていると言えるだろう。それはどのようなものか。夢は，既に意味の決まったもの，フロイト的に言えば幼児的願望を何とかして夢の中で実現しようとするものであり，その目的のために偽装が必要となるのだった。このフロイトの考え方からすると，夢が奇妙であるのは不快な潜在内容の偽装のためである。しかし，ブレッチナーが論じているのは，これとはまったく異なる考え方である。ブレッチナーは，人間はランダムにアイデアを生産してしまうものだが，そのようにしてランダムに生産されてしまった思考を創造的に用いることは人間の進化に

も一定の役割を果たした，と論じている。これをブレッチナーは「夢のダーウィニズム oneiric Darwinism」と呼んでいる。夢分析は，より深く，より一層真実であるものとしてコード化されているものを暴き，解釈する，という側面だけではなく，夢見手の中で未だ意味が定まっていない状態であるものを受け取り，そこから意味を新しく考えて行くという作業を含んでいる。

　このようにいろいろな夢理論について理解し，それにもとづいて臨床実践を行っていく上で大切と思われるのは，意味的側面であってもプロセス的側面であっても，さまざまな程度でさまざまな理論に含意されているのであって，どれか一つの意味的理解やプロセス的理解に拘る必要はないということだ。ユングがフロイトの夢分析に向けた批判には一理あり，そして同時に，フロイトの願望充足理論が当てはまる臨床状況は依然として存在する。

　これからさらに，夢のプロセス的側面に関してさらに詳しく論じる。夢をプロセスとして理解するという観点は，夢が相互交流の一形態であるという考え方を提供している。夢分析とは，患者のこころの中に埋め込まれたものの分析家による解読作業であるだけではない。患者と分析家が共同で行う夢分析は，二人の相互交流である。

解離としての夢

　夢分析のプロセス的側面を端的に示している考え方に，夢をある種の解離として捉えるというものがある。一般に解離とは，過酷な外傷体験など自己にとってあまりにも耐えがたい体験の際に防衛的に作られる意識変容状態のことを指す。精神分析は長らく解離の機制ではなく抑圧の機制を中心に心的機制を論じてきたが，近年，関係学派内部を中心として，この解離を主たる心的機制として考える動きが出てきた。

　同学派の分析家のブロンバーグ Bromberg, P. M. は，自分が誰であるかそして相手が誰であるか，そのことについて受け入れることのできない知覚に患者が直面するとき，それが「私ではない私 not-me」として解離される，と論じる。ブロンバーグ（2006）は，「患者が夢を持って来るとき，分析的な課題は，患者が夢見手を呼び入れることができるようにすることである。……夢は，日常においてもっともありきたりの，こころの解離的活動として

考えることができるかもしれない」と述べている。ここで着目しておくべきことは，ブロンバーグが欲動論的に発想しているのではなく，外界からの刺激，知覚がどのように捉えられるかを重視しているということである。関連して，タウバー Tauber, E. とグリーン Green, M.（1959）は，閾値以下の知覚が意識状態の中にさまざまに潜んでおり，それが夢という場に現れて出て来ることを論じている。ブロンバーグは，こころの解離モデルとタウバーとグリーンの閾値以下の知覚の場としての夢という考え方を結び付け，夢とは解離された関係性の場である，と論じている。

　ブロンバーグの解離としての夢の理解は，臨床的仕事に大きな影響を与える。ブロンバーグにとって大切なことは，隠され偽装されたものを掘り出すことではなく，閾値以下に留まっている受け入れられない知覚およびその知覚の主を面接室の中に引き入れ，今-ここに登場してもらうことである。これは，夢の「解釈」の作業以上のものであることをブロンバーグは論じている。それはもはや，夢に意味を与える作業ではなく，夢見手が経験できることを広げること，夢見手の自己を拡張するプロセスである。

　このように考えると，夢分析の臨床において「本当の」意味を分析家として知っているかどうかを思い悩む必要はあまりない。大切なのは，隠された意味の暗号を解読できるかどうかではなく，表現を拒まれていた夢見手に出会うことができるかどうかである。したがって，夢恐怖症に陥らずに夢について語り合うことができることそれ自体が，本質的に重要である。夢とは，未だそこにあることを許されていない意味が到来する機会である。そう考えれば，分析家との関係性が夢内容に影響を与えるということは，もはや不思議なことではないだろう。その意味で，夢分析が相互交流的であるだけではない。**夢は相互交流そのものである。**

夢の循環再エナクトメント[*]と逆転移

　次に，夢の「循環再エナクトメント」という考え方について述べたい。ブレッチナー（1995, 2001）は，レヴェンソン Levenson, E. A.（1983, 1991），ジョセフ Joseph, B.（1985）らの仕事に言及しつつ，夢の内容が，夢を分析する面接中にそのまま展開されてしまう事態について論じ，それを「循環再

エナクトメント circular reenactment」と呼んでいる。ブレッチナーによれば，夢の解釈をしている分析家とそれを聞いている患者の状況が，まさしく夢そのものに酷似しているという事態が起こり得る。例えば，誰かにマゾヒスティックに従っている夢として解釈を患者に伝え，その解釈を患者が受け入れる状況が，分析家の解釈にマゾヒスティックに従う患者としてまさしく夢の再現になるという事態である。そして，夢の再現としての分析状況は患者の内的世界に取り込まれ，さらに夢の世界に変化を与えていく。それがまた再現されて，と循環は果てしなく続いていく。

このことは，エナクトメント論において，一般化された形で論じられてきた。例えば，レヴェンソン（2006）は，エナクトメントとは「話されていることの行動的部分」であると論じている。フロイトは，運動あるいは行為から思考過程を一貫して区別していた。そのような理解に基づくと，言語化されていないからこそ行動化されるのであり，言語化された上でかつ行動化を伴うということはない。そのような事態は，言語化が不十分な場合にのみ生じる。しかしレヴェンソンは，そのように判然と言語と行動を分けることはできないと論じる。そして，同様のことは夢分析においても当てはまるという。レヴェンソンによれば，夢分析を行うという形で言語に落とし込もうとしている状況そのものが，そもそも夢としてしか表現されることのない解離された自己の表現となっているという可能性がある。言語化されていない部分を完全に取り除くことはできず，したがって行動化された部分は残存し続ける。

この状況を乗り越えるための特別な方法はないことをレヴェンソンは論じる。分析家は，自分には盲点があることを認め，転移-逆転移状況を延々と演じ続けるエナクトメント状況から身を離すべく努めるしかない。そしていかに努めようとも完全には身を離すことはできないが，その限界を抱えながら，起こっている状況への「好奇心 curiosity」を失わないことが分析家の

エナクトメント enactment とは，近年精神分析に関する議論においてしばしば取り上げられる概念で，無意識的素材が，治療の場において極めて隠微な形で行動として現れる事態を指す。主に分析家の側の行動に関して用いられる言葉であるが，その限りではない。逆転移の行動化に近い意味を持っており，その意味では破壊的であり得るが，近年その治療的意義についての議論が高まっている。実演とも訳出される。第4章（p.63）の脚注も参照のこと。

資質である（Stern, 2010）。夢分析についても同様のことが言える。分析家は，いくら自分自身が分析されようとも，完全に死角がなくなることはない。したがって，夢の分析のプロセスの中にも，分析家の逆転移の要素が容易に入り込んで来る。一つの例は，先ほど挙げた循環再エナクトメントである。自分が果たしてしまっている役割を分析家がいつも完全に把握できるのだとしたら，循環再エナクトメントのような事態は起こらないはずであるが，実際はそうではない。

　関連することとして，スーパーヴィジョンとしての夢，という考えについて触れておきたい。患者の内的世界がエナクトされ，さらにそれが再び内的世界に影響を与えるという循環について論じたが，患者がこのプロセスについて意識的に言及できる範囲は限られている。そこで，患者と分析家の関係性が無意識の世界に与えている影響について調べるために夢を用いることができる。この考え方は，夢が患者のこころの中に患者固有の産物として埋め込まれているという考え方からは導き出されない。夢には私的な側面と社会的な側面があるという考え方に基づくものである。

　夢に現れている関係性がすべて患者側の要因に還元できると考えるのは行き過ぎであろう。分析家の実際の行いが夢に与える影響を十分考慮せず，患者の中に予め存在した世界が分析家に転移されているという観点は確かに重要であるが，その観点のみから理解し続けることには問題があると私は考える。夢は，分析家の患者に対する行い，さらには分析家という個人を患者がどのように捉えているかについて，ある種のスーパーヴィジョンとして貴重な情報源たり得る。分析家自身について患者が抱く考えは，しばしば患者の内部に羞恥と不安を喚起するために，サリヴァンの言うところの「選択的不注意」の対象になってしまう。そこに分析家が踏み込むことが重要であろう。

ビオンの夢理論

　これまでの議論は，現代の精神分析の流れの中でも，米国を中心に発展した関係学派における議論を中心に扱ってきた。それ以外にも興味深い夢理論がさまざまな学派的立場から論じられているが，その中でも，ビオン Bion,

W. R. の議論は極めて示唆に富む。理論的系譜を異にするものの，ビオンの議論は実はブロンバーグやブレッチナーの議論と通底するところがあると私は考える。

　ビオンは，感覚印象 sense impressions はアルファ機能＊によって夢の中に見られるような視覚的イメージに近いものに変換される，と論じた。ビオン（1962）はさらに，「アルファ機能の失敗は，患者が夢見ることができないことを，したがって眠ることができないことを意味する」と述べている。ビオンによれば，夢が意識と無意識を創り出すのであって，逆ではない。

　このビオンの考えを受けて，オグデン Ogden, T. H.（2003）は，次のように述べている。「夢を見る（夢として体験する）代わりに，アルファ機能不全の者は，生の知覚データを留めるだけである」，「ビオンにとって，夢見ることとは……無意識的な心理的作業を含まなくてはならないが，それは体験の諸要素（それらは記憶として保存されている）を結びつけることによって夢-思考を創り出すものである」。

　このビオンの論は卓見である。ここで，ビオンの表現の仕方では，「夢見」は，もはやわれわれが知っているところの普通の「夢見」ではなくなっているということに注意が必要である。ビオンのいう「夢見」は，ある種の仕分けの機能，意味の与えられていないものに意味を与える機能一般のことであろう。いわゆるわれわれのいう「夢」を見ることのできる患者であっても，ビオン的な意味では「夢見」ではない，ということが起こり得る。

　それでは，われわれの普通の「夢」は何なのか，という疑問が残る。私は，ビオンのいうところの「夢見」の不在とは，ブロンバーグが論じているような，解離の状態に近いのではないかと考える。すなわち，夢見手の不在の夢，夢がそれ自体で勝手に走り出してしまっている状態，暴走する即物性を止める内省のない状態，それがビオンの言うところの夢の不在であろう。

　ここで論じられている，「生の知覚データ」とは，ビオン流の他の言い方をすればベータ要素＊のことであるが，それはブロンバーグが言っているところの，受け入れられない知覚，言い換えれば解離された知覚に近いもので

＊　考えることができない原始的思考を，ビオンはベータ要素と名付けた。母親の心的機能は，それを考えることのできる思考・情動体験（アルファ要素）に変換する。この機能をビオンはアルファ機能と名付けた。精神分析においては分析家のアルファ機能が問題となる。

あろう。関係論的な考え方がビオン的な考え方と異なるのは，ベータ要素が内的な衝動と結び付けられる一方，関係論的にはそのような衝動を想定していない点である。データは，内部から来ることもあるが，外部から来ることもあるのだ。また，夢分析にあたって大切なことは，ビオンの考えでは，分析家がコンテイナー＊となって患者の代わりに夢見ることであるが，ブロンバーグの考えではそれは「夢見手を呼び入れる」ことである。ブロンバーグは，出会いの契機を強調しているが，ビオンのように，ベータ要素の解釈によるコンテイニングといった，分析家の特異的かつ特権的な力を論じていない。

さらにビオンの影響を受けているカソーラ Cassorla, R. M. S.（2012）は，「三者的空間 triangular space」すなわち患者と分析家という二者関係を超えて第三の立場から俯瞰し得るような空間が存在しないことによって，象徴化と夢見ることが不可能になる，と論じている。そして，夢見ることのできない二人，すなわち患者と分析家の衝突は，「二人にとっての非-夢 non-dreams-for-two」として理解することができ，それがエナクトメントとして通常理解されているものだ，という興味深い議論を論じている。このようなエナクトメントの理解が，ブロンバーグ流の解離モデル的な理解と大分重なってくることは明らかであろう。

臨床例

ここまで論じてきたことを臨床的に考察するため，次に，精神分析的心理療法中に報告された夢とその分析の例を提示する。私が実際に経験した症例であるが，プライバシー保護のため，大幅にカモフラージュを施している。

A 子は 30 代の女性である。成功した事業家の父親を持つ彼女は，経済的に恵まれた環境で育った。しかし思春期に至ると，彼女は，自分に向けられている愛情は，自分という人間そのものに対して向けられているのではないのではないか，という疑念を抱くようになった。一人っ子であった彼女は，

＊ ビオンは，精神分析のモデルとして，未だ考えられていない思考・情動体験（コンテインド）が，分析家のアルファ機能（コンテイナー）によって考えられるものに変化していくという，コンテイナー／コンテインド・モデルを唱えた。

両親が事業の跡継ぎとして自分を考えており，そういう存在としてしか自分は受け入れられていないのではないか，と感じるようになった。彼女は，両親を，とりわけ父親を尊敬していたが，やがて父親の事業を継ぐことに対して抵抗感を感じ始めた。高校卒業後，彼女は遠方の大学に進学し，父親の事業と関係のない分野を学んだ。大学生活を楽しんだ彼女は，卒業後彼の地で就職し，しばらくの間，充実した生活を送っていた。しかしその後精神的に変調をきたし，実家に戻った。彼女は父親の事業を手伝い始めた。

Ａ子の精神状態は一時的に落ち着いた。しかしその後深刻なうつ状態に陥り，私が勤務していた病院に通院を始めた。彼女の過去と家族の問題，そして将来を話し合うため，週１回の精神分析的心理療法を開始した。

Ａ子は，いつも周りの期待に合わせるように振る舞ってきたようだった。そんな中で彼女は，自分が実際には何を望んでいるのか皆目見当がつかなくなっていた。一方，Ａ子にとって，父親は非常に力強い存在だった。彼女は父親の言うがままにはしたくないと思う一方，父親のサポートなしでは生きていけないとも感じていた。

ある夢の中で，Ａ子は，化粧を落としたのにもかかわらず，翌朝になっても化粧が残っているのに気づいた。彼女は鏡に向かって，化粧を一生懸命落とそうとするが，なかなか落ちない。なんで落ちないのか，と彼女は気になった。場面が変わって彼女が近所を歩いていると，父親の秘書の女性に出会った。その女性はとても疲れていて，でもなぜか真っ赤の，似合わないワンピースを着ていた。私は，その秘書の女性はＡ子の一部だ，と解釈した。落ちない化粧と似合わない服は，彼女が自分を父親の娘としてではなく，父親の秘書として見なしていることを表していた。

その後のいくつかの夢の中でも，自分が望んでいないにもかかわらず何かを手にしてしまっている，というテーマが繰り返された。Ａ子が本当に何を望んでいるのかはなかなか話題に上らなかったが，そのことに関連して，あるとき彼女は次のような夢を報告した。その夢の中で，彼女はある会合に出席していたが，そこには彼女が大学時代に付き合っていた男性がいた。彼は遠くにいる。どうせ彼はこちらを見てもくれないだろう，と最初彼女は思った。しかし会合が終わると，彼女は思わずその男性の名前を声を上げて呼んでいた。彼女の予想に反して，その男性は彼女に思いやりのある反応をし

てくれた。夢から目覚めたA子は，懐かしく，とても嬉しい気持ちに包まれていた。その男性について話を聞くと，その男性は自分の持っている数少ない良さを褒めてくれた人だった，と語った。しかしその人が遠方に就職すると，どういうわけか彼女は自分から別れてしまった。私は，A子にとって自分のこころの中に自分自身にとって良いものを置いておくことは難しいようだ，と解釈した。A子自身にとって良いものは，両親が望んでいるものではなく，したがって両親との関係を損いかねない，とA子は感じていたようだった。A子は私の解釈を聞いて頷き，さらに，自分が手元に置いておけなかったものについて連想を語った。

　これらの夢の内容は，A子が本当に欲しているものを手元に置いておくことがこれまで難しかったこと，しかしそれが本当はとても重要であることを一貫して示唆していた。夢内容をそのまま解釈すると，不自然な化粧を落として，好きな男性と一緒になった方が良い，という示唆が入り込んでしまうと思われたが，実際，私が行った解釈にはそのような響きがあったと認めざるを得ない。もちろん私の解釈が明らかに間違っていたということではない。実際，私の解釈に対してA子は肯定的に反応した。

　しかしここで，夢分析のプロセス的側面にも注目しよう。夢分析の状況そのものが夢の内容そのものになってしまうという，夢の循環再エナクトメントについて論じたが，それはここでも起こっていないだろうか？　私の夢の解釈，A子が自分が本当に欲しているものをこころの中に置かず，人が望んでいるものを置いている，という解釈にA子が同意したとき，それは私への迎合になってはいなかっただろうか？　そう考えてみると，確かにその要素があるだろうと私には思われてきた。それでは，私の夢の解釈に迎合している，ということを加えて解釈すれば，この状況から身を離すことができるのだろうか？　それでもなお，新たに同様の循環に嵌り込んでしまうということはないのだろうか？　斯く斯く然々のようにすればこの循環から抜け出せる，という処方は存在しない，ということがレヴェンソンが論じたことであり，それはここでも当てはまる。

　やがて私のこころに浮かび上がってきたのは，私との心理療法自体がA子にとって極めて葛藤的な性質を持つものだという事実であり，それに対する特効薬はなく，その事実をここで生き抜くほかない，という考えだった。

ここで，A子が私との心理療法をどのように体験しているのかを表しているように思われた夢を紹介する。

　　夢：見上げると，いつも見ている高いビルが斜めになって自分に覆いかぶさってきている。植木鉢くらいの硬そうなものが落ちてきて，自分に当たりそうになる。マンションの中に入ると，X階までのエレベーターのはずだったが，あれあれ，と思っているうちにそれよりずっと高層の階に行ってしまった。怖かった。

　私のオフィスは，高いビルの中にあった。したがって夢の中の高いビルは，私のオフィスの場所を示しているようにすぐさま思われた。私のビルがX階にあったことは，私の推測をさらに強めた。高いビルは私であり，植木鉢くらいの硬そうなものとは，私の解釈のことだと考えられた。すなわちこの夢は，A子にとって私という存在は，彼女の遥か上から解釈を下す高いビルのような存在であり，彼女の視線の高さに留まっていない存在，すなわち父親のような存在であることを示している，と考えられた。私の解釈を受け入れることで，A子は確かに簡単に上昇すること，すなわち知的洞察を得ることができたのかもしれない。しかし，それは急に上に行き過ぎる，すなわち洞察が急に進み過ぎる危険性を孕んだもので，A子はそれを恐れていたのだ，と私は思った。
　この夢を受けて私は，A子が権威者との間で感じている葛藤の複雑さを改めて強く感じた。権威者とはA子の両親であり，そして私だった。私は，A子に両親からの自立を強く促すような方向に加担しないよう，自分自身を慎重にモニターするようになった。
　その後も，A子は父親との間に葛藤的な気持ちを持ち続けた。しかし一つ大きな変化があった。以前A子は，自分が父親と葛藤的な関係にあることそれ自体を自分が悪い存在であることの証として見なしていた。それが彼女のうつ気分の大きな原因でもあった。しかしやがてA子は，父親に頼りつつも一定の距離を保っている自分を，そのまま受け入れられるようになってきた。そこには一つの均衡があった。その均衡がいつまで続くのか分からないという感覚をA子も私も持っていたが，彼女の生い立ちを考えれば，

得られた均衡は，それが仮に一時的なものであっても大切な均衡だ，とA子は考えられるようになった。そして心理療法は終結した。

おわりに

　夢分析には，夢内容の分析という側面とプロセスの分析という側面があることを論じた。A子の症例においては，私は権威者の望むように振る舞うというA子の在り方が夢の内容に表現されていたことを理解し，それを解釈としてA子に伝えた。しかしやがて，そのような解釈に耳を傾ける面接室におけるA子の在り方をまさしく夢の内容とするような夢が報告された。その夢は，A子の閉ざされたこころの内容を表現している夢ではなく，私と彼女の間の相互交流を表しているものだった。ここで，私の気づきをA子に別の解釈として投与するということも可能性としては考えられた。それはA子によって受け入れられたかもしれない。しかしそれもまたA子の在り方そのものであり，やがて夢の中に取り込まれてしまうのではないだろうか？　ここにおいてA子の夢は，もはや夢であるのみならず，面接室の中の現実の一部となった。治療的に大切だったのは，A子の葛藤的な在り方を解釈し尽くしてしまうことではなく，面接室の中でそのまま受け入れることだったのではないかと私は考える。そうすることによって，A子の自己は，それまでA子が体験していたものよりも，より幅の広いものになったのではないかと考える。

　以上，現代精神分析における夢分析の一潮流について理論的および臨床的に論じた。夢分析はフロイトの時代に比べて遥かに複雑になった。解釈の可能性が広がったことで，臨床現場における不確定性は高まった。しかしそのことは決して臨床的可能性についての悲観的見通しを示しているわけではない。むしろ分析状況の不確定性の中でこそ患者が体験したことのない新しい相互交流のプロセスが始まるのであって，それはやがて患者の凍てついた心的内界を動かす力になるに違いない。

文　献

Bion, W. R. (1962). *Learning from Experience.* In *The Complete Works of W. R. Bion, Vol.*

IV. London : Karnac Books.

Blechner, M. J. (1995). The patient's dreams and the countertransference. *Psychoanalytic Dialogues*, 5, 1-25.

Blechner, M. J. (2001). *The Dream Frontier*. New Jersey : Analytic Press.

Brenner, C. (1969). Some comments on technical precepts in psychoanalysis. *Journal of the American Psychoanalytic Association*, 17, 333-352.

Brenner, C. (1995). Some remarks on psychoanalytic technique, *Journal of Clinical Psychoanalysis*, 4, 413-428.

Bromberg, P. M. (2006). *Awakening the Dreamer : Clinical Journeys*. New Jersey : Analytic Press.

Cassorla, R. M. S. (2012). What happens before and after acute enactments? : An exercise in clinical validation and the broadening of hypotheses. *International Journal of Psychoanalysis*, 93, 53-80.

Joseph, B. (1985). Transference : The total situation. *International Journal of Psychoanalysis*, 66, 447-454.

Levenson, E. A. (1983). *The Ambiguity of Change*. New York : Basic Books.

Levenson, E. A. (1991). *The Purloined Self*. New York : Contemporary Psychoanalysis Books.

Levenson, E. A. (2006). Response to John Steiner. *International Journal of Psychoanalysis*, 87, 321-324.

Ogden, T. H. (2003). On not being able to dream. *International Journal of Psychoanalysis*, 84, 17-30.

Stern, D. B. (2010). *Partners in Thought : Working with Unformulated Experience, Dissociation, and Enactment*. New York : Routledge.

Tauber, E. & Green, M. (1959). *Prelogical Experience*. New York : Basic Books.

あとがき

　本書はこれまで発表した論文を加筆修正したものと，書き下ろしたものをまとめたものである．
　精神分析志向の環境で精神科臨床を学びたいという理由で私がニューヨークに渡ったのは2000年のことであった．私はアルバート・アインシュタイン医科大学で精神科レジデンシーを開始したが，このレジデンシープログラムはもともと精神分析志向の強いプログラムで精神分析を志す者に理解があったこともあって，私はレジデンシー中から訓練分析を受け始めることができた．その後コロンビア大学精神分析センターで2年間学んだ後にホワイト・インスティテュートでさらに勉強を続け，2009年に同インスティテュートを卒業後，帰国した．
　ホワイト・インスティテュートは，第2章に詳しく述べた通り，長年対人関係学派の活躍の場となってきたインスティテュートであるが，近年では米国精神分析の多様化を反映するかのように多様な考えを取り入れるようになった．しかし，対人関係学派・関係学派の視点は，依然として特別な重要性を持って教えられており，このインスティテュートで教育を受けた私は，自然と対人関係学派・関係学派の考え方を取り入れた．
　本書に収められている論文はいずれも帰国後に著したものであるが，ニューヨークでの経験に強く影響を受けたものである．米国で学んだ関係学派の精神分析について何かまとまったものを書きたいと思っていたが，本書においてそれが実現したことを嬉しく思う．
　初出は以下のようになっている．

第1章　書き下ろし
第2章　吾妻　壮（2011）．サリヴァンの対人関係論と現代の精神分析．和風会誌，54：69-76．
第3章　吾妻　壮（2011）．関係性理論は心理療法の実践をいかに変えるか：古典

的自我心理学と比較して．心理臨床学研究，29(5)：640-650．
第4章　吾妻　壮・井上洋一（2012）．精神分析における対象概念についての一考察：その臨床的可能性．臨床精神病理，33(2)：165-176．
第5章　吾妻　壮・小笠原將之・井上洋一（2012）．精神分析における時間性についての存在論的考察．臨床精神病理，33(3)：293-303．
第6章　吾妻　壮（2012）．関係性と中立性：心理療法家の立つところという問題をめぐって．心理臨床学研究，29(6)：683-693．
第7章　吾妻　壮（2012）．行き詰まりと関係性：解釈への抵抗について．心理臨床学研究，30(3)：389-399．
第8章　Agatsuma, S. (2014). The analyst's intent and the analytic process: A note supporting a contextual understanding of the patient's experience of analytic attitude. *International Forum of Psychoanalysis*, 23(3)：183-188．
第9章　吾妻　壮（2015）．多元的夢分析の方法に向けて．神戸女学院大学論集，62(2)：1-14．

　書き下ろしの第1章を除くいずれの章も，加筆・修正を行っている．特に第2章と第8章は，元の論文にはない記述をかなり加え，拡張した論文になっている．
　本書をまとめながら感じたことは，自分の臨床スタイルは変化し続けているということである．本書に収められている一連の論文を書き始めてからまだそれほど時間が経っているわけではないが，その後，さらに新しい理論を学び，しかし同時に古典的な理論と実践の基本を確認するという作業を続けてきた．その中で自分の臨床感覚が，自分でも気づかないうちに少しずつ変わっていったことを改めて感じる．今後自分の精神分析的実践が一体どこに辿り着くのか，自分でも分からない．
　そういう自分の考え方は精神分析の何学派に属するのだろうか，と自問してみると，簡単には答えを見つけられないことに気づく．私が落ち着きつつある臨床スタイルは，関係論的な理解を念頭に置きながらも，古典的な分析技法も重視するというものである．古典的な分析技法は，一定の条件下では大変有効である．しかし時に，それでは通用しないと感じる臨床場面に出くわす．そのような状況は，通常，まったく予期しなかった形で突然到来する．

あとがき

　そのようなときに，私は関係論的な考え方を想起する。そこには，古典的な分析技法が教えてはくれない考え方がある。そう考えると，自分はやはり関係学派の分析家なのだろうと思う。
　だが，自分にとっては精神分析を志していることが一番重要なことで，それで十分だと最近は考えている。こころの悩みに肉薄するための方法として精神分析を超えるものを私は未だ見つけておらず，これからも毎日の臨床において，精神分析的考え方を，無意識的世界の探求を重視していきたいという考えは変わらない。
　精神分析的実践において最も重要なことは，患者との関係のあり方について感じ続け，考え続けることである。そしてそのためには，自分自身のあり方に誠実であり続けるほかない。治療者が自分自身を深く見つめる作業を続けるしかないということはありきたりのことではあるが，そうとしか表現しようがないと思う。
　今回，一冊の本を書くことは論文を書くのとは異なる集中と思考を要するものであることを痛感した。編集に当たって下さった児島雅弘氏には，企画の時から，大変貴重なご意見をいただき，そして完成を辛抱強く待っていただいた。深く感謝申し上げたい。
　おわりに，精神分析を学ぶ私をこれまで支えてくださった多くの皆様に心より御礼申し上げたい。スーパーヴァイザーや講師の先生方には，精神分析の基本から発展まで，みっちりと教えていただいた。研究会やセミナーでご一緒いただいた先生方には，方向を指し示していただき，そして刺激を与えていただいた。米国の私の訓練分析家には，特別の謝意を表したい。あの分析体験なしには分析家としての今の自分はいなかっただろう。また，時には辛くもある分析作業の道を私と共に歩み，その成果の発表をお許しいただいた患者さんたちにも感謝したい。最後に，私をいつも暖かく見守ってくれている私の両親と家族に，ありがとう，と言いたい。

　　　2016年9月，西宮にて

　　　　　　　　　　　　　　　　　　　　　　　　　　　　吾妻　壮

人名索引

ア 行

アーロウ　Arlow, J. A.　40, 41
アーロン　Aron, L.　35, 43
吾妻 壮　7
ウィトゲンシュタイン　Wittgenstein, L.　115～117
ウィニコット　Winnicott, D. W.　3, 95
ウォルスティン　Wolstein, B.　124
エルマン　Ellman, C.　124
オースティン　Austin, J. L.　116, 117
岡野憲一郎　91, 92, 97
オグデン　Ogden, T. H.　58, 63, 140
オレンジ　Orange, D. M.　33

カ 行

ガーダマー　Gadamer, H. G.　91
カーンバーグ　Kernberg, O. F.　9, 23, 54, 57, 67～70, 72, 75, 76, 78, 90
カヴェル　Cavell, M.　115
カソーラ　Cassorla, R. M. S.　141
川谷大治　97
木田 元　69
北山 修　32
ギル　Gill, M. M.　9, 34, 35, 41
クライン　Klein, G.　34
クライン　Klein, M.　56
グリーン　Green, A.　66～72, 74～76, 78
グリーン　Green, M.　137
グリーンソン　Greenson, R.　40
グリーンバーグ　Greenberg, J. R.　6, 7, 9, 23, 47～51, 53, 55, 92, 125, 126
グレイ　Gray, P.　107
コフート　Kohut, H.　9, 38, 73, 91

サ 行

サリヴァン　Sullivan, H. S.　iii, 3, 17～20, 23～30, 35, 76, 139
ジェイコブズ　Jacobs, T.　92
ジェイコブソン　Jacobson, E.　54
シェイファー　Schafer, R.　9, 34
ジョセフ　Joseph, B.　90, 103, 107, 110, 137
スターン　Stern, D. B.　9, 29, 36, 39, 44, 63, 95, 97, 110, 114, 125, 139
スタイナー　Steiner, J.　106
ズッカー　Zucker, H.　4
ストロロウ　Stolorow, R. D.　38, 70, 73～76, 78, 91, 92, 124
スペンス　Spence, D. P.　39

タ 行

タウバー　Tauber, E.　137
タブリン　Tublin, S.　114
デイヴィース　Davies, J. M.　92, 93
デカルト　Descartes R.　91
トゥルーアニート　Treurniet, N.　124
ドレッシャー　Drescher, J.　4
トンプソン　Thompson, C.　3, 19～21

ハ 行

ハイゼンベルク　Heisenberg, W. K.　28
ハイデガー　Heidegger, M.　65, 68～71, 73, 74, 76～78
バス　Bass, A.　70, 106～108
ハルトマン　Hartmann, H.　21
ビオン　Bion, W. R.　45, 139～141
ヒンシェルウッド　Hinshelwood, R. D.　97,

110

フェアバーン　Fairbairn, W. R. D.　3
フェレンツィ　Ferenczi, S.　20
フッサール　Husserl, E. G. A.　73
フリー　Frie, R.　73
フルシェ　Fourcher, L. A.　38, 39
ブレッチナー　Blechner, M. J.　135〜138, 140
ブレナー　Brenner, C.　21, 129, 130
フロイト　Freud, A.　21, 91
フロイト　Freud, S.　ii, 3, 8, 21, 26, 27, 40, 47〜57, 63, 64, 66, 68, 72, 107, 122, 123, 129〜136, 138, 145
フロム　Fromm, E.　3, 20
フロム=ライヒマン　Fromm-Reichmann, F.　20
ブロンバーグ　Bromberg, P. M.　25, 27, 76〜78, 92, 93, 95, 97, 108, 109, 111, 112, 136, 137, 140, 141
ヘイヴンス　Havens, L.　117
ベンジャミン　Benjamin, J.　90
ホーナイ　Horney, K.　19〜21
ホールト　Holt, R.　34
ホフマン　Hoffman, I. Z.　9, 28, 33, 34, 37, 40, 123〜125
ボラス　Bollas, C.　3, 10, 29, 39, 90

マ 行

マーラー　Mahler, M. S.　21, 54
丸田俊彦　91
ミッチェル　Mitchell, S. A.　4, 9, 10, 23, 25〜27, 40, 47〜51, 53, 55, 70, 103, 108, 109, 112

ヤ 行

ユング　Jung, C. G.　132, 135, 136

ラ 行

ライヒ　Reich, W.　8
ラドー　Rado, S.　4, 21
ラパポート　Rapaport, D.　9, 34
レイス　Reis, B.　73
レヴィナス　Levinas, E.　74
レヴェンソン　Levenson, E. A.　12, 35〜37, 114, 137, 138
レーワルド　Loewald, H. W.　70〜74, 76〜78
レニック　Renik, O.　91, 92

事項索引

ア 行

アルファ機能 140
一者心理学 34, 40
イド 26, 40, 53, 67, 71, 91
イド側面 54
イド抵抗 97
今-ここ 41, 65, 133, 134, 137
インターパーソナル 35
ウィリアム・アランソン・ホワイト・インスティテュート 20, 21
エージェンシー 33
エディプス期 57
エディプス状況 133
エナクト 104, 110, 132
エナクトメント 17, 25, 41～44, 63, 77, 92, 94, 95, 97, 104, 106, 108, 110, 111, 114, 138, 141
　循環再―― 137, 139, 143

カ 行

解釈 32, 38, 39, 42, 43, 59, 106, 109
外傷 13, 67, 73～75, 106, 136
外的関係性 11
外的対象 55, 57, 58
解離 25, 27, 39, 44, 78, 111, 136, 140, 141
隔離されたマインド神話 33, 91
葛藤 27, 59～61, 63, 92, 95, 106
感覚印象 140
関係/構造モデル 48
関係精神分析 11, 32, 90, 91, 97, 106, 108, 110
関係性理論 11, 32
関係論 1, 7, 11, 32, 95, 103, 114
　狭い意味での―― 2
　広い意味での―― 2, 5, 7

間主観性 73
間主観性理論 2, 5, 13, 17, 38, 91
間主観的コンテクスト 74, 75
間主観的フィールド 38, 91
間主観的フィールド理論 12
願望充足 135
願望モデル 49, 50, 52～56
記憶 51, 53, 56
　――の痕跡 48, 56
機械的欲動論 56, 57
記述的 125
逆転移 34, 81, 97
教育分析 19, 20
局所モデル 66
局所論 26, 39
空想 23, 36, 38, 56, 57, 61
クライン派 2, 5, 32, 97, 107, 110
経験 27, 35, 36, 38, 63, 64
経験論 64
言語ゲーム 115, 116
言語哲学 116, 117
現実 23
行為遂行的機能 116, 117
好奇心 36, 138
構造モデル 66
構造論 49, 56, 97
構造論的欲動論 56, 57
構築主義 28, 30, 32, 38, 43, 44
行動化 97
国際精神分析協会 22
コロンビア大学精神分析センター 21
コンテイナー 62, 141
コンテイニング 141
コンテクスト 123, 125, 126
コンテクスト主義 38, 73

153

サ 行

作業同盟　40
参与する観察者　29, 30
自我　26, 40, 48, 51, 53, 57, 62, 71, 91
自我心理学　1, 4, 5, 8, 23, 32, 40, 48, 74, 92, 97, 106, 107
自我抵抗　97
時間性　65
時間の殺害　67, 75
時間の無知　66
自己　24, 44
　　──の多重性　25, 76
自己愛　62, 67, 68
自己開示　43, 92, 108
自己-状態　78
自己心理学　5, 29, 38, 73, 91
事後性　66
自己-力動　24
事実確認的機能　116
時熟　69
実演　→ エナクト, エナクトメントの項を参照
実在論　68
実証主義　38
死の本能　29
自由連想　28
自由連想法　17, 32, 33, 36
詳細質問法　17, 35, 36
情緒　i, 41, 75, 108, 135
象徴　58, 107, 141
情動　29
処方的　125
神経症　58
神経症水準　59
真実　38
心的機関　58, 60, 63
心的構造　71
心的装置　130
精神内界　35, 43, 77, 106
精神内葛藤　109

精神病　58
精神病水準　59
折衷主義　7
潜在内容　134
全体対象　107
選択的不注意　139
相互交流　24, 29, 30, 33, 40, 42, 50, 52, 53, 65, 105, 111, 133, 136, 137
相互作用　129
想像　12
存在的　68
存在論　68
存在論的　69
存在論的時間性　78
存在論的時間論　65, 70
存在論的無意識　75

タ 行

体験　i, 12, 14
対象　47, 50
　　──の影　53
対象関係　2, 47, 50, 54, 95, 109
　　──の自我側面　51, 54
　　──のリビドー的側面　54
対象関係論　2, 13, 17, 23, 32, 76, 90, 133
対人関係　2, 18
対人関係学派　3, 5, 34
対人関係的精神分析　13, 17, 19, 32, 95
対人関係的フィールド　24
対人関係的フィールド理論　12
対人関係論　2, 3, 18, 23, 76
多元的　7
多元主義　7, 130
多重の自己　63, 76
多重の自己-状態　108
脱自　69, 71, 74, 78
断片化　73
知覚　3, 12, 14, 35, 37, 38, 48, 50, 51, 53, 54, 107, 108, 136, 137, 140
中立性　81, 91, 117, 124
超自我　26, 40, 54, 57, 63, 71, 90〜92

超自我抵抗　97
治療作用　81
抵抗　32, 34, 36, 40〜42, 97, 105〜108
転移　34, 36, 81, 126
転移-逆転移　92, 95, 131, 132
転移-逆転移状況　36, 37, 39
転移神経症　8
転移性反応　123, 126
同一化　53, 57〜59, 94
投影同一化　17, 25
統合的傾向　24
倒錯的　90, 94, 106, 109
匿名性　117, 124
独立学派　2, 5, 32, 90

ナ　行

内在化　107
内在論　64
内的関係性　11
内的対象　55, 57, 58, 62, 63, 126
二者心理学　34
ニューヨーク精神分析インスティテュート
　　19, 21, 22
ニューヨーク大学ポストドクトラルプログラム
　　21, 22
認識論　28

ハ　行

パーソナリティ　24, 27
迫害的　90
迫害的(な)対象　90, 93
発話行為　117
発話行為論　116, 117
パラタクシックな歪み　17
反復強迫　67
非意識　29
ビオニアン・フィールド理論　12
比較精神分析　48
備給　53
否認　107

非本来的時間性　69, 77
非-夢　141
表象　48, 56, 57, 59, 66, 108
表面の防衛　107〜110, 112
病理的組織化　106
フィールド理論　12, 15
ブーツのつまみ革問題　108
フェティシズム　106, 107
ブランクスクリーン　121, 123, 124, 126
プロセス　123, 124
分析家中心の解釈　106
分析家の意図　114, 124
分析可能性　40
分析状況　32, 35, 45, 114, 116, 117, 138
分析的態度　121, 126, 127
分析プロセス　17, 39, 43, 103, 107, 117
米国精神分析協会　22
ベータ要素　140, 141
防衛分析　8
ボーダーライン　58
ボーダーライン水準　59
本能　52
本来的時間性　69, 75, 77, 78

マ　行

未構成(構築)の経験　39, 44
未思考の知　39
無意識　29, 33, 38, 39, 66, 97, 129, 130
メタ心理学　9, 23, 48, 81
物語的真実　39

ヤ　行

行き詰まり　109
夢　129
夢恐怖症　133, 134, 137
夢分析　129
良い私　26
抑圧　29, 33, 39, 43, 107, 136
欲動　3, 33, 38, 51
欲動/構造モデル　48

155

欲動中心主義　3, 4
欲動論　49, 51, 52, 56, 57

ラ　行

リビドー　21
歴史的真実　39

ワ　行

私-あなたパターン　26
私ではない私　26, 136
悪い私　26

著者略歴

吾妻 壮（あがつま そう）
1994年　東京大学文学部卒業
1998年　大阪大学医学部卒業
2000年　渡米。アルバート・アインシュタイン医科大学精神科，コロンビア大学精神分析センター，ウィリアム・アランソン・ホワイト研究所を経て
2009年　帰国。大阪大学精神医学教室を経て
現　在　神戸女学院大学人間科学部教授，精神分析プラクティス（西宮市）。精神科医，精神分析家，臨床心理士，医学博士。国際精神分析協会（IPA）正会員，米国精神分析協会（APsaA）正会員。

著訳書
『関係精神分析入門』（共著）岩崎学術出版社，ブロンバーグ『関係するこころ』（共訳）誠信書房，リア『開かれた心』（共訳）里文出版，ビービーら『乳児研究から大人の精神療法へ』（共訳）岩崎学術出版社，他

精神分析における関係性理論──その源流と展開
2016年11月5日　第1刷発行

著　者　吾　妻　　　壮
発行者　柴　田　敏　樹
印刷者　日　岐　浩　和

発行所　株式会社　誠　信　書　房
〒112-0012 東京都文京区大塚3-20-6
電話 03（3946）5666
http://www.seishinshobo.co.jp/

印刷所／中央印刷　製本所／イマキ製本所　落丁・乱丁本はお取り替えいたします
©Soh Agatsuma, 2016　　　　　　　　　　　　　　　　Printed in Japan
ISBN978-4-414-41622-0 C3011

JCOPY ＜(社)出版者著作権管理機構 委託出版物＞
本書の無断複写は著作権法上での例外を除き禁じられています。複写される場合は，そのつど事前に，（社）出版者著作権管理機構（電話 03-3513-6969，FAX 03-3513-6979，e-mail: info@jcopy.or.jp）の許諾を得てください。

関係するこころ
外傷，癒し，成長の交わるところ

P. M. ブロンバーグ 著
吾妻 壮・岸本寛史・山 愛美 訳

痛切な外傷経験にさらされ解離した自己の状態からいかに一歩を踏み出すか。二者心理学の立場から，内容からプロセスに焦点を移した関係論的精神分析の実際を提示する。

目次
第Ⅰ部　情動調整と臨床的プロセス
　　第1章　津波を収める
第Ⅱ部　不確実性
　　第2章　「私の心には決して入らなかった」
　　第3章　「この気持ち，分かりますか！」
　　第4章　解離のギャップに気をつけて
第Ⅲ部　躓きながら耐え抜くこと
　　第5章　真実と人間の関係性
　　第6章　これが技法であるならば，最大限活用せよ！
　　第7章　「大人の」言葉──無意識的空想についてのパースペクティヴ
第Ⅳ部　間主観性の領域
　　第8章　「あなたの近しさ」──個人的な終章

A5判上製　定価（本体4000円＋税）

精神分析における未構成の経験
解離から想像力へ

D. B. スターン 著
一丸藤太郎・小松貴弘 監訳

本書は，対人関係学派の最先端に立つ著者が，解釈学を背景に，無意識を未構成の経験という視点から読み解きなおすことで，転移-逆転移関係，解釈，抵抗といった現象について臨床的に新しく有益な見方を提示する刺激的な書である。

目次
第Ⅰ部　構成された経験と未構成の経験
　　①差し出されたものと作り上げたもの/②未構成の経験/③慣れ親しんだ混沌/④創造の源となる無秩序と自然に生じてくる知覚
第Ⅱ部　自己欺瞞についての再検討
　　⑤想像と創造的な語り/⑥詳細に思い浮かべないこと/⑦物語の硬直性/⑧私的な自己の問題
第Ⅲ部　分析家の仕事における未構成の経験
　　⑨解釈と主観性/⑩患者に関する分析家の未構成の経験/⑪ガダマーの解釈学/⑫思いがけないものに寄り添うこと

A5判上製　定価（本体5600円＋税）